# アイドル=ヒロイン

目次

## 第2部 アイドルの楽しみ方 実践編……059

はじめに

# 今、女性のアイドルファンが増えてきている

2015年現在、2010年頃から続く「アイドルブーム」は一過性の流行から定着へと向かいつつあります。そんな中、これまではあまり目立った存在ではなかった女性の女性アイドルファンが、存在感を増してきているのをご存知でしょうか（以降本書では、単に「アイドル」としたときは歌って踊る女性のアイドルグループのことを指します）。現場レベルでは「女性限定イベント」や「女性専用エリア」があることが、普通のことになってきています。

これまでも女の子がアイドルソングをカラオケで歌うことはありましたが、それは「流行りの歌を友達と歌う」というだけで、「ファンだから歌っている」のとは違うものでした。

しかし今は女性限定イベントの開催にも表れているように、アイドル現場に足を運

ぶ女性ファンが増えたというのが、モーニング娘。[1]がデビューしてから十数年の間に変化したことだと考えています。

この本では、なぜ今、女性のアイドルファンが増えてきているのか、女性のアイドルファンは、アイドルのどんなところに魅力を感じているのかを、女性の目線で読み解いていき、次に実際に女性ファンがどのようにアイドルを楽しんでいるのかを紹介していきたいと思います。

まず、この「はじめに」では、現在のアイドルがアイドルブーム以前のアイドルに比べて格段に敷居の低い存在になっていることを確認していきます。そして第1部「女性がアイドルにあこがれる理由」に入り、第1章では女性ファンがアイドルに向ける視線を整理します。次に第2章では、女性のアイドルの楽しみ方が、戦闘ヒロイン、ここでは主にセーラームーンとの共通点にあふれていること。最後の第3章では、それまでの論を振り返りつつ、私の実体験から考えたアイドルの未来についてを論じていきます。

第2部では、女性なりのアイドルの楽しみ方実践編として、アイドル好きという共通の趣味を持った仲間「なでｋＳジャパン」による現場レポート、私が振付を担当しているグループ・夢みるアドレセンスの女性限定イベントを例にした、「実践！　女性

▼1 モーニング娘。
1997年、「シャ乱Q女性ロックヴォーカリストオーディション」落選者5人により結成。1998年に『モーニングコーヒー』でメジャーデビュー。現在は13人が在籍。2014年からはグループ名の最後に'14のように西暦下2桁がつくようになった。

向けイベントのつくりかた」、そして、ハロプロ好きなシンガー・ソングライターの大森靖子さん、アニメ好きの作詞家の児玉雨子さん、アイドルと変身ヒロインが好きなモデルの日笠麗奈さんと一緒に、もしアイドルグループのメンバーをセーラームーンに当てはめるとしたら……という「セーラームーン妄想キャスティング会議」、さらに、アイドルとセーラームーンの双方に詳しい男子代表として作詞・作曲家のヒャダインさん、Base Ball Bearの小出恵介さんをお招きして、男性から見た「女の子のあこがれの存在」について語り合いました。

## 「テレビの向こう側」から「身近な存在」へ

女性のアイドルファンが増えてきた、という話の前提として、そもそもアイドルファン全体の数が増えている、ということがあります。2000年代後半、ＡＫＢ48[2]を筆頭としたアイドルブーム以降、アイドルファンが拡大し、それに伴いアイドルの数も増えていきました。その結果、アイドルになる敷居は大きく下がりました。それまではアイドルといえば全国から選ばれた精鋭がなるものというイメージでしたが、今、アイドルは、なろうと思えば入口はたくさん用意されている存在です。女の子にとって

▼2 ＡＫＢ48
秋元康がプロデュースする女性アイドルグループ。「会いにいけるアイドル」をコンセプトに2005年結成、2006年に『会いたかった』でメジャーデビュー。ＣＤなどにつく投票権でメンバーの順位を決定する「総選挙」などで人気を獲得し、ＳＫＥ48など系列グループとともにメディアを席巻している。

とても身近なものになったと言えるのです。

アイドルがファンにとって身近な存在になったのは、握手会の増加や、Twitterやブログなどの一般化にも表れています。好きなアイドルの握手会に行って直接会話をすること、Twitterでリプライ（返信）を送ったり、ブログを読んでコメントをしたりすることは、至って普通のことで、アイドルはもはや一般人とは完全に別世界の住人、というわけではありません。

身近になった結果、気軽に中傷できなくなってきた、という側面もあります。以前はアイドルというとテレビや雑誌の中だけの遠い存在で、「今回の新メンバーはイマイチ」などと無責任に言っていたことが、今はネット上で、それが直接本人に届いてしまう可能性も大いにあり得るのです。アイドルと同年代の子は、アイドル志望や、既に活動しているような子が1学年に1人いても全くおかしくないくらい、ある意味で普通の存在になってきている、つまり、アイドルが他人事ではなくなっているのです。友達の友達、程度の範囲にアイドルがいるのですから、自分と関係ないテレビの向こうの存在を受容するのとは、話が違います。

## AKBとももクロ

AKB48の大ブレイクによってアイドルが増え、アイドルの敷居が低くなった次にブレイクを果たしたのがももいろクローバーZ▼3でした。ももクロは担当カラーで色分けがされていて、5人になってからメンバーの加入・卒業もなく、個性を把握しやすい。いわばSMAP▼4や嵐▼5のような国民的グループになりつつあり、これはある意味で既存のアイドル像に回帰してきているとも言えます。

以前はアイドルグループのメンバーといえば固定されたものが一般的でしたが、モーニング娘。によって、新陳代謝を繰り返すグループ像が定着しました。そして、モーニング娘。が最大のメンバー数になった2003年当時は16人で「すごく多い」という印象でしたが、「大人数」の基準はAKBによって更新され、40人以上のメンバーが、しかも総選挙や卒業・加入でどんどん変化していくイメージが浸透しました。

そこから、ある意味でオールドファッションなももクロタイプのグループがまた増えてきた現在は、AKBによってアイドルが身近なものになったところからの揺り返しとも言えますが、一度「身近な存在であること」が定着した後ゆえに、それ以前とは意味合いが変わっています。

**▼3 ももいろクローバーZ**
2008年、ももいろクローバーとして結成。2010年に『行くぜっ!怪盗少女』でメジャーデビュー。2011年にももいろクローバーZに改名し、現在は百田夏菜子、玉井詩織、佐々木彩夏、有安杏果、高城れにの5人で活動している。

**▼4 SMAP**
1988に6人のメンバーで結成された男性アイドルグループ。1991年にシングル『Can't Stop!! -LOVING-』でCDデビュー。現在は中居正広、木村拓哉、稲垣吾郎、草彅剛、香取慎吾の5人で活動をしている。

**▼5 嵐**
1999年に5人のメンバーで結成された男性アイドルグループ。シングル『A・RA・SHI』でCDデビュー。結成時から、大野智、櫻井翔、相葉雅紀、二宮和也、松本潤の5人のメンバーで活動を続けている。

SMAPや嵐のファンクラブに加入するまでなくとも、「5人の中だと誰が好き」といった話ができるのは、メディアへの露出が高いジャニーズアイドルだからこそであり、「ASAYAN」▼6放送時のモーニング娘。にも同じことが言えました。今はAKBグループの活躍により、「テレビをつければアイドルが出ている時代」となりましたが、そのときに「でも、メンバーが多すぎて誰がいるか分からない」という層にとって、固定メンバーのももクロはとても入りやすい対象だったのではないかと思います。

それまでアイドルにまるで興味がなかった人たちがももクロのファンになっている現象には、AKBのようにある意味で無限にある関係性ではなく、固定されたメンバー同士の物語、という力を感じずにはいられません。

ももクロからアイドルに目覚めたという私の友人からは、「メンバーが多すぎると覚えられない。ももクロは推し▼7はいても、グループ全体で好き」という意見をよく耳にします。AKBは総選挙というシステム的に「単推し」になりがちな傾向にあるのに対し、固定メンバーのももクロはファンに「代わりの利かない存在」と認識させやすいため、箱推しとなりやすいのかもしれません。

実際、この3、4年で、「知人が突然モノノフ（ももクロのファン）になっていた」と

▼6 ASAYAN
1995年から2002年までテレビ東京で放送されていたバラエティ番組。「夢のオーディションバラエティー」として様々なオーディションを開催。モーニング娘。は女性ロックヴォーカリストオーディション落選組によって結成された。

▼7 推し
応援している女性アイドルのこと。特定の1人を推すことを「単推し」、グループ全体を推すことを「箱推し」と言う。詳しくはP019参照。

いう経験をした人は多いのではないでしょうか。個人的にも、2008年当時、アイドルの振付師を目指していた時点では、アイドルはまともに踊っていないと思っていたはずのダンサー仲間が、気がつけば喜んでももクロのダンスカバーをしていたりしました。披露宴や二次会の余興でも、ももクロのダンスカバーは、もはや「あるある」で、時代が変わってきたことを実感しています。

## 無限にいるアイドル

今のアイドルシーンは、他にも選択肢が無限にあります。ももクロから妹分のエビ中[8]（私立恵比寿中学）やしゃち[9]（チームしゃちほこ）に流れる人もいれば、近年再評価されているモーニング娘。を始めとしたハロー！プロジェクト[10]という存在に改めて気がつく人もいます。48グループの公式ライバル、乃木坂46[11]もその勢いを増しています。その他、東京だけでなく日本全国でアイドルグループが結成されていて、その数は数百組とも言われています。

AKBとももクロをきっかけに、今やたくさんのアイドルグループが存在していることを知り、無限の選択肢の中で各々の趣味に合ったグループにハマっていく、とい

**▼8 私立恵比寿中学**
2009年に5人のメンバーで結成されたアイドルグループ。2010年に『えびぞりダイアモンド!!』でCDデビュー。メンバーの増減を経て、現在は8人で活動。「永遠の中学生」をコンセプトにし、加入を「転入」、卒業を「転校」と言う。

**▼9 チームしゃちほこ**
2011年に6人のメンバーで結成されたアイドルグループ。2012年に『恋人はスナイパー／ごぶれい！しゃちほこでらックス』でCDデビュー。ももいろクローバーZ、私立恵比寿中学と同じ事務所（スターダストプロモーション）に所属している。

**▼10 ハロー！プロジェクト**
モーニング娘。をはじめとした、つんく♂プロデュースの女性アイドル・アイドルグループ総称。Berryz工房や℃-ute、スマイレージ、Juice=Juiceなどが在籍。「ハロー」とも略す。

**▼11 乃木坂46**
2011年に結成されたアイドルグループ。2012年に『ぐるぐるカーテン』でCDデビュー。

うのが今の女性のアイドルファンの増加の構造ではないでしょうか。

それほど、ＡＫＢのメディア露出による「アイドルが普通のものになった」現象の影響は大きく、一見全く別のスタイルのももクロの人気にも影響しているのだと思います。

私自身は紆余曲折を経てアイドルの振付師に行き着きましたが、ダンサー仲間にアイドルダンスの魅力を伝えるのはとても難しいことだと思っていました。しかし、一度ももクロのように好きなアイドルグループができてしまえば、そんな偏見はいとも簡単にとれる、ということが分かりました。「好きになる」「ファンになる」というパワーの大きさには驚かされます。

## オタクを自称する女性たち

「アイドルが普通のものになった」流れとは別に、もうひとつ「オタクが普通のものになった」文脈があります。大きなきっかけは、〝しょこたん〟[12]という存在です。モーニング娘。全盛の２０００年頃は、まだ「アイドル＝オタクのもの」というネガティブなイメージがありました。しかし今はオタクを自称することへの抵抗はほとんどな

ＡＫＢ48グループの公式ライバルとして活動している。

▼12 **中川翔子**
１９８５年生まれ。２００６年に『Brilliant Dream』でメジャーデビュー。オリジナル・アルバム３枚やカバーアルバムシリーズをリリースし、グラビアやバラエティ番組だけでなく歌手活動も続けている。

く、アニメやマンガ、ゲーム好きと同じように、アイドルファンであることも隠しておく必要のないことになりつつあります。

むしろ自分の好きなものを堂々と、熱く語る姿はひとつのキャラと捉えられるようになりました。かわいくて若い女の子にもこんな一面がある、というギャップが好意的に受け取られることを示したしょこたんは、女子オタクの時代を変えた立役者でしょう。

現在「アイドルヲタアイドル」がいるのもその流れのなかに位置づけられるもので、以前はライバル同士だった関係性が、今では「かわいい女の子が好きなのは普通のこと」として、グループ毎に必ずあるポジションと言っていいほど定着しています。

## 女性アイドルの特徴は敷居の低さ

アイドルファンの層が拡大していく中で、男性の男性アイドルファン（同性ファン）がそれほど増えず、女性の同性ファンが増えている理由は、やはり敷居の低さと、選択肢の多さではないでしょうか。

敷居を下げるという意味では、オープンスペースでの無料でも見られるリリースイベントや、アイドル以外のアーティストとの対バン等が効果を上げています。

オープンスペースでのリリースイベントが定着したのは、ももクロ以降のことでしょう。アイドルブーム以前は、「ショッピングセンターや電器店でイベントをやる＝落ち目」というネガティブない印象もありましたが、今は「オープンスペースでのリリースイベント＝売り出し中のグループ」というイメージに変わっていると思います。

また、現在はアイドルグループ同士のイベント以外に、ロックバンド等との対バン、夏フェスなどへのアイドルの参加も増えてきています。アイドルへ楽曲提供するアーティストも多くなり、アイドルは楽曲クオリティの向上、多様化、そしてアイドルとアーティストがお互いのファンへの知名度を上げて、ジャンル間の垣根を超えつつ両者両得の関係にあります。

男性アイドルでも、そういった機会さえ増えれば同性ファンが今よりも拡大する可能性は大いにあるでしょう。SUMMER SONIC 2014にTOKIOが参加し、大きな反響があったことからも、それは証明されています。

さて、それでは、女性は女性アイドルのどこに魅力を感じているのでしょうか。1章からは、女性がアイドルという存在に対して抱く感情を少しずつ紐解いていきます。

# 第1部

# 女性がアイドルに惹かれる理由

第1章

# 女性にとってのアイドルの存在とは

この章では、女性がアイドルに対して抱く感情について、まずは男性アイドルへの視線を例に見ていきましょう。私自身、アイドルファンとしての入口は男性アイドルグループの嵐だったこともあり、その実体験から、人はどのようにアイドルを好きになっていくのかに追っていきたいと思います。

## 入口は「理想の彼」

私が中学生の頃は、「8時だJ」[13]（1998〜1999年）がゴールデンタイムに放送されていたジャニーズJr.[14]全盛期で、クラスの女子全員がJr.の誰かしらのファンというような時代でした。私は当初松本潤[15]くんが好きで（と言ってもコンサートに行くほどの行動

▼13 8時だJ
1998年から1999年まで、8時台にテレビ朝日で放送されていたバラエティ番組。ジャニーズJr.をメインにした番組で、嵐やKAT-TUNなど現在グループとしてデビュー活動しているメンバーが多く出演していた。

▼14 ジャニーズJr.
SMAPや嵐などが所属するジャニーズ事務所のレッスン生。先輩グループのバックダンサーなどを務めることが多いが、個々のメンバーにファンがつき、Jr.だけの公演も行なわれている。

▼15 松本潤
1983年生まれ。ジャニー

力はない）、そんな中、1999年の9月に嵐の結成が発表されました。喜んでいたのも束の間、記者発表からCDデビューの11月3日までの間に私は同じメンバーの大野（智）[16]くんにすっかり推し変（当時はそんな言葉もない）しています。

大野くんに対し、15歳当時の私が抱いていた感情といえば「何この人！ 不思議！ 好み！ タイプ！ いつかこんな人と付き合おっと！」という〝理想の彼像〟でした。

そこから15年が経ち、すっかり親心へと変化した今でさえ、手の綺麗な人や絵の上手い人など、大野くんとの共通点があると自然とポイントが上がるくらいには染み付いたものになっています。

一言でまとめると、私のアイドルへの入口はほのかな「恋心」だったと言えるでしょう。

## 「推す」の原動力は感情移入

では、一時的な「恋心」と、アイドル用語でいう「推し」（一部では「担当」）とはどこが違うのでしょうか？

私は「推す」という行為はつまり、感情移入することだと思っています。アイドル

ズJr.としての活動を経て、1999年に嵐としてデビュー。俳優としても活躍し、ドラマの主演を数多く務める。

▼16 **大野智**
1980年生まれ。ジャニーズJr.としての活動を経て、1999年に嵐としてデビュー。一部楽曲の振付を行なうなどダンスには定評がある。趣味は釣り。絵画や書道でも才能を発揮している。

性とはそもそも、その人が関わる作品だけでなく、「存在そのものに魅かれる」というファンを惹きつける魅力のことで、それはアイドルに限らずアーティストや俳優、スポーツ選手などあらゆる職業の人が持ち得るものです。

誰かを推している人は、きっとその対象にアイドル性を見出し、どこか感情移入（それが自分に似ているから、あるいは全然似ていないからこそ、と惹かれる理由が様々であっても）しているのではないでしょうか。

グループやチームを対象に「この中なら誰派」という会話はよく繰り広げられるものですが、推しは選択肢の中からあえて選ぶなら、ではなく「この子じゃないとダメ」という何かが見つかったときにできるのだと思います。「ＡＫＢの中なら誰」ではなく、「この子のここが好き」になる。「推す」という行為の原動力は、まさにそういったところからくるのでしょう。

「かわいい」や「綺麗」「歌が上手い」といった客観的な印象とは違い、その存在を通じて新しいことに興味がわいたり、推しの好みに影響されると世界が変わって見えてくる状態は、ある種の恋なのかもしれません。

## 安定の箱推し

さて、この「推す」という感情が、特定のアイドル1人だけでなく、グループ全体に向いたのが「箱推し」です。私自身、アイドルを推すときに推しの幸せを願う、というのが基本姿勢になっているので自然とメンバー同士の関係性や空気感に目が行き、気付くとグループ全体を推していることが多いです。

細々とながら、15年経った今でも嵐を応援している気持ちが消えないのは、この箱推しが大きな要因かなと思います。15歳当時にあった大野くんへの一方的な恋心は早々と薄れても、5人の関係性は普遍的でありながら常に変化もしている。嵐というチームを好きになったことは私の振付師人生にも大きく影響し、曲中のアイコンタクト、おふざけ、メンバー内のブームなど、アイドルのパフォーマンスに含まれていたら嬉しいと感じる要素は、実は私は女性アイドルよりも先に嵐で学びました。

## 「対面派」と「並列派」

単推しでも箱推しでも、ファンがアイドルを好きになった先には「対面派」と「並列派」で分けることができます。

アイドルと向かい合わせ、つまり客席からステージ上を応援したい「対面派」と、メンバーの横に並んで同じステージに立ちたい「並列派」。セーラームーンや仮面ライダーを見て、活躍を応援したい子と、ヒーローそのものになりたい子とに分かれるというのを考えていただけると、分かりやすいかもしれません。

私の嵐に対してのスタンスは、正に並列派です。ライブを見ていても、「嵐かっこい い! がんばれ!」というよりも、「嵐うらやましい! 私も一緒に踊ってキャーキャー言われたい!」という気持ちが先行します。

ちなみにその時は5人の中の誰かになりたいわけではなく、6人目の嵐になりたいと考えています。私がもし6人目の嵐になったとしたら、こういうポジションで、誰と対称の位置にいるのがバランス良くて……でも今の5人の空気は変わらないこと大前提で(そんなことはあり得ないとしても)……と想像するのが楽しいのです。

一方、こと女性アイドルに関しては対面派となります。対象が女の子になると、途端に「こうさせたい、あれもやらせてみたい」とプロデュース意欲がわいて、興味が自分自身に向かなくなってしまうからです。他には単純に、男性的なアプローチで女の子にキャーキャー言われるのが想像つかない、どんな感じだろう、という興味もあるのかもしれません。

この対面派と並列派は嗜好の部分なので、人によっては私と逆で、男性アイドルに対しては「対面派」、女性アイドルに対しては「並列派」という人もいると思います。理論でどう説明できるというより、これについてはもっと衝動的な感情によるものかもしれません。

## アイドルとの距離感について

一部の例を除き、今主な男性アイドルとファンとの距離感に比べ、女性アイドルとファンとの距離はとても近くなっています。「あの子の握手列が途切れちゃうから俺が行かなきゃ」「最近Twitterでリプを送ってないのを、握手会で本人に指摘された」といったことはめずらしくありません。

男性アイドルに対しても「私がいなくちゃ」という感覚はファンの中にあると思いますが、女性アイドルの場合はそれがリアルに影響することも十分にあり得ます。かつては女性アイドルも遠い存在でしたが、最近の握手会を頻繁に行なうグループは、ファンと地続きのところにいるのです。

「推しジャン」[17]の文化がハロプロ（ハロー！プロジェクト）ではなぜ未だに根付いているかといえば、かつてのハロプロは個別の握手会がなく、あなたのファンだと推しに伝える術がなかなかなかったため、ライブ中にアピールするようになったのだと聞いたことがあります。これは女性ファンがライブ会場で持つうちわと同じ意味合いではないでしょうか。

今まで女性アイドルといえば年齢層の高い異性ファン、というイメージが強かった中、ＡＫＢの握手会制度の導入により、アイドルと同世代の男子学生が爆発的に増えた、という現象を考えると、男の人は握手会などでの具体的なコミュニケーションや自己認知を求める傾向がより強いのかもしれません。

一方、距離感がある程度あっても、男性アイドルファンは女子学生が圧倒的に多いところを見ると、女性は自分の中の妄想を育てていくのが得意であると言えます。

## ライブに何を着ていくか

アイドル現場での、女性ファンと男性ファンで大きく感覚が違う点があります。それはライブ会場に来ていくファッションへの意識です。

▼17 **推しジャン**
自分の推しのソロパートやＭＣなどの際に、垂直に高く飛び上がってアピールする行為。「マサイ」とも言う。

女性は男性アイドルの現場にはまるでデート前のように何を着ていこうか考え、中には衣装を自作していく人もいます。応援する対象が同性の女性アイドルとなれば更に衣装は真似して着やすくなり、でんぱ組.inc[18]ではステージ衣装のレプリカを公式で発売するほどです。

ちょっとしたお祭り事に「なに着てく!?」と考えるのは女性にとっての楽しみで、夏祭りやハロウィンと同じ感覚で、アイドルの現場に行くという理由にかこつけて、いつもとは違うちょっと特別な格好ができることが嬉しいのです。他にも成人式、結婚式などでも女性と男性の装いに差が出ることからも分かるように、女性とはより変身願望の強い生き物なのかもしれません。

男性ファンもよく着ているメンバーカラーの「推しT[19]」はどちらかというと、「君を推している」という意思表示、つまり推しジャンやうちわと同じ役割なのに対し、女性ファンにとってアイドルのメンバーカラーとは、ある意味「ドレスコード」と同じで、コーディネートする上での一材料となります。

以前、K-POPイベントの会場化粧室で、「今からティパニ[20]に会うのに、こんなメイクじゃ出ていけない!」と話す女の子たちを見たことがあります。とは言っても会場は代々木第一体育館。握手会もなく、遠くからライブを見るだけでこれだけ見た目

**▼18 でんぱ組.inc**
2008年にライブ&バー「秋葉原ディアステージ」に所属するメンバーで結成されたアイドルグループ。2010年にシングル『Kiss+kissでおわらない』でメジャーデビュー。現在は6人のメンバーで活動している。

**▼19 推しT**
アイドルのグッズとして販売されているTシャツのうち、特に一人のメンバーのファンに向けたTシャツ。ボディがメンバーカラーになっていたり、各メンバーによるイラストがデザインされていたりする。

**▼20 ティパニ**
ティファニーの愛称。1989年生まれ。2007年に少女時代としてデビュー。グループではリードボーカルとして活動。趣味は映画鑑賞、音楽鑑賞、英語、フルート演奏、歌。

を気にする女の子がいる一方で、握手会で直接会話しても身だしなみはそこまで気にしない男性ファンがたくさんいるということは、ファッションに対する男女の意識の違いとして、象徴的ではないでしょうか。

## まばゆいオンと等身大のオフ

また、アイドルにはオンとオフがハッキリとあります。オンは非現実的ともいえるステージ衣装を着てパフォーマンスする姿、オフはブログやTwitter、オフショット映像などで垣間見える自然体の表情です。私がモデルや女優よりもアイドルに惹かれるのは、オフまで含めてコンテンツ化されているからなのかもしれません。

そしてそれこそが感情移入しやすく推したくなる理由でもあるのでしょう。

歌って踊っているオンの状態のアイドルを先に目にすることの方が一般的だと思いますが、あるときふとオフショットを見かけ、さらに惹かれていくという経験は、アイドルファンであれば身に覚えがあるのではないでしょうか。

第2章

# アイドルとセーラームーンの共通点

ここまで、アイドルが女性にとってどのような存在かを見てきましたが、より具体的にアイドルという存在を説くために、ここでひとつの補助線を引いてみたいと思います。

それは「セーラームーン」です。既にご存知の方も多いかと思いますが、セーラームーンは『美少女戦士セーラームーン』というタイトルで少女向けコミック雑誌「なかよし」で連載されたマンガで、1992年の連載開始以降大人気を博し、アニメやミュージカル、ゲーム、ドラマなどさまざまなメディアに展開しました。

魔法少女という少女マンガ定番ジャンルの特徴と戦隊ヒーローものの要素を併せ持つセーラームーンは新しいジャンルとして、その後多くのフォロワーを生んでいます。

ここではアイドルとセーラームーンの共通点を探りながら、女性がアイドルに対して向ける視線を読み解いていきたいと思います。

## 一緒にいることで、お互いの個性が引き立つ

グループアイドルとセーラームーンの最初の共通点は、「仲間がいること」です。少女アニメ史ではセーラームーン以前にも戦う女の子は存在していましたが、キューティーハニーなど、いずれも1人でした。女の子が複数人、しかもライバル同士ではなく仲間として一緒に戦っていくセーラームーンは、当時新たな戦闘ヒロイン像でした。

仲間がいるということは、より強くなる他にも少女たちに新しい化学反応を起こさせました。キャラクターの確立です。身近に比較対象がいることにより、各登場人物の印象はデフォルメされ、一人ひとりの役割がはっきりしました。

うさぎ[21]（月野うさぎ＝セーラームーン）が泣き虫なところは、しっかり者のまこちゃん[22]（木野まこと＝セーラージュピター）が隣にいることでより強調され、反対にまこちゃんが姉御肌で面倒見がいいところも、うさぎといることによって際立ちます。

また、美奈子ちゃん[23]（愛野美奈子＝セーラーヴィーナス）とうさぎは共通点も多く、当初

▼21 **月野うさぎ**
『美少女戦士セーラームーン』の主人公。月の戦士セーラームーンに変身する。趣味は食べること、寝ること。

▼22 **木野まこと**
『美少女戦士セーラームーン』のキャラクター。木星の戦士セーラージュピターに変身し、うさぎと共に戦う。趣味は料理とお菓子作り。

▼23 **愛野美奈子**
『美少女戦士セーラームーン』のキャラクター。金星の戦士セーラーヴィーナスに変身し、うさぎと共に戦う。趣味はアイドルの追っかけ。

プリンセスであるうさぎのダミーとしてセーラーヴィーナスが現れたように、その髪色も、お調子者な性格も似ています。しかし2人が並ぶと、うさぎのほうが甘えん坊で嫉妬深く、美奈子ちゃんはポジティブで実はリーダー格ということが分かってきます。

そういった似て非なる個性を知る意味でも、誰と誰が並ぶかが大切なのです。どのキャラクターを好きになるにしても、1人だけを単独で見るよりも、メンバー同士の関係性の中で見たほうが、「あ、この子はこういうキャラなんだ」というのが一目でよく分かるのではないでしょうか。

それ以外にも、「レイちゃん[24]（火野レイ＝セーラーマーズ）は気が強いけど、いつも最後は優しいから、うさぎといるときのレイちゃんが好き」など、特定のメンバー同士の関係性自体を魅力として感じる人は多いものです。これはアイドルでもシンメ萌え、カップリング萌えと呼ばれるメンバー同士の相関に注目した同じような見方があり、「あのメンバーといるときのあの子は特別にいきいきしてる」とか「リーダーにだけ見せる顔が好き」など、セーラー戦士の関係性とよく似た魅力を持っています。

アイドル側の例を挙げると、モーニング娘。での私の推し、くどぅー[25]（工藤遥）を中心に、キャラクターが正反対でW最年少（加入当時）の相方、まーちゃん[26]（佐藤優樹）と

**▼24 火野レイ**
『美少女戦士セーラームーン』のキャラクター。火星の戦士セーラーマーズに変身し、うさぎと共に戦う。趣味は占い。

**▼25 工藤遥**
1999年生まれ。ハロプロエッグとしての活動を経て、2011年、第10期メンバーとしてモーニング娘。に加入。担当カラーはオレンジ。趣味は寝ること、男子力を上げる事。

**▼26 佐藤優樹**
1999年生まれ。2011年、第10期メンバーとしてモーニング娘。に加入。担当カラーはエメラルドグリーン。趣味はドラム、乗馬。

の掛け合いがあると個人的にとても和みます。元々男勝りなくどぅーがのんびり小悪魔なまーちゃんといることにより、そのキャラクターが一層際立つからです。くどぅー単体より、まーちゃんとバトルしている姿の方が歳相応の女の子らしくもあります。あとは、同期ながら年齢は上のだーいし[27]（石田亜佑美）になぜか強気で挑んでいくくどぅーも無謀で愛おしいなど、メンバーといることでできる発見は多いです。

でんぱ組.incの場合、ねむきゅん[28]（夢眠ねむ）がこれらをコンテンツ化し発信していくことに長けていて、最年少のピンキー[29]（藤咲彩音）をかわいがり倒している模様は「#ねむのピン回し」、ファンから女神キャラとして崇められているりさちー[30]（相沢梨紗）の動画には「#りさ推しは課金」などのハッシュタグを付けることで、被写体のメンバーと撮影者のねむきゅんの関係性を知ることができ、人気が高いです。

セーラームーンとアイドルとの共通点に気付いたきっかけも、そんなメンバー同士の関係性に楽しさを感じる元をたどったとき、「そういえばレイちゃんと美奈子ちゃんのあの張り合ってる感じとか好きだったな」と思い当たったことでした。レイちゃんと美奈子ちゃんは、お互いに主張の強い2人がワーキャー言い合いながらも戦いになると信頼しあっている姿が見れるので、アニメ放送時、子供ながらにグッとくるものがあったのです。

▼27 **石田亜佑美**
1997年生まれ。2011年、第10期メンバーとしてモーニング娘。に加入。担当カラーはロイヤルブルー。趣味はキャンディクラッシュ、映画鑑賞。

▼28 **夢眠ねむ**
2009年、でんぱ組.incに加入。映像作家などクリエイターとしての活動も多い。担当カラーはミントグリーン。キャッチフレーズは「永遠の魔法少女未満」。

▼29 **藤咲彩音**
2009年、でんぱ組.incに加入。デビュー前はニコニコ動画で「踊ってみた」動画を投稿していた。担当カラーはブルー。キャッチフレーズは「踊ってみたら七変化!」。

▼30 **相沢梨紗**
2009年、でんぱ組.incに加入。担当カラーは白。声優ソングや90年代アニソンに詳しい。キャッチフレーズは「2・5次元伝説!」。

## セーラー戦士のオンとオフ

アイドルはオンとオフ、その二面性やギャップこそが魅力だというのも、セーラームーンと月野うさぎというふたつの存在に似ています。華麗に敵に立ち向かうセーラームーンは、その背景に普段は泣き虫で甘えん坊の月野うさぎという普通の中学2年生の女の子がいるからこそ、物語が生まれます。

アイドルファン仲間でもある友人が幼少期に見ていたセーラームーンのビデオは、普通のアニメ本編ではなく、「美少女戦士セーラームーン　愛と正義の美少女戦士名場面集」というタイトルで、うさぎや（水野）亜美[31]ちゃんが買い物に行ったり、ケーキを食べたり、家でおしゃべりしてる場面だけを集めた映像集だったそうです。これはアイドルでいうところのオフショット集ということになります。そういうビデオが商品化されていたということは、つまり、それだけ戦士ではない普段の姿にも人気があったということの指標になるでしょう。

アイドルのブログやTwitterを見る楽しみも、それと近い部分があり、等身大の姿を踏まえた上で、もう一度ステージ上のパフォーマンスを見たときに、普通の女の子

▼31 **水野亜美**
『美少女戦士セーラームーン』のキャラクター。水星の戦士セーラーマーキュリーに変身し、うさぎと共に戦う。趣味は読書、チェス、水泳。

だと思っていた子がこんなに頑張っている、というギャップが垣間見れるのです。

## 担当カラー・ルール

アイドルとセーラームーンの共通点には、担当カラーで色分けされている、という部分もあります。ソロよりもグループアイドルが主流となっている昨今、担当カラー制を取り入れるグループは非常に多く、色も各メンバーのキャラクターに寄せて振り分けられたりしています。

セーラームーンでは水星や火星などの守護星に結び付けてカラーが設定されているため、水だから青、火だから赤、さらには名字も水野や火野など結び付けて、覚えやすくなっています。

アイドルの場合も、名前と顔が一致まではしなくとも、「ピンクの子がかわいい」と色で判別できると、初見の人にとっても優しい仕組みとなります。

セーラームーンの場合はさらに、各戦士の変身・必殺技のシーンで、画面一面が担当カラーに染まります。セーラーマーズが「バーニング・マンダラー!!」[32]と叫べば画面が赤くなるように、攻撃シーンの色味が必殺技のアイテムともセットになっていま

▼32 **バーニング・マンダラー**
セーラーマーズの必殺技のひとつ。燃え盛る曼荼羅で攻撃をする。

す。

アイドルの場合も同様に、例えば赤担当の子のメインパートで赤い照明が使われるという演出がよくあります。また、担当カラーは推しTの他にサイリウム[33]やペンライトを推しの色と合わせることでファンであることの絶好のアピール手段ともなります。

女性ファンが推しの担当カラーをドレスコードとして捉え、ライブ会場でのコーディネートのヒントにするということを先に書きましたが、それはアイドル自身にも同様のことが言え、衣装など与えられたもの以外にも、私服や私物の買い物で自ら担当カラーを意識して選ぶことはもはや「アイドルあるある」です。ファンにとって愛着のあるカラーを、その子自身も大事にしている姿は、嬉しいという人も多いです。

## キーワードは「非現実」と「変身願望」

セーラームーンの戦闘服にときめいた経験があれば、アイドルの衣装にも同じ感覚を抱く人は多いはずでしょう。どちらにも共通しているのは「非現実感」です。

セーラームーンの中には、子供の頃履けなかったハイヒールやロングブーツがたくさん登場します。セーラームーン→マーキュリーと順番にお揃いのブーツを履いて変

▼33 サイリウム
コンサートなどで使われる20センチ程度の長さの使い捨てライトの総称。プラスチックの筒の中に液状の薬品が入っていて、カチッと折ることで光を発する。

身していたところに、三番目で突如マーズがヒールで現れ、決めゼリフが「ハイヒールでおしおきよっ！」だったときは「なに!? なんなの!? かっこいい!!」と原作を読みながらドキドキしたのを覚えています。

アイドルの衣装も、普段はとても着れないようなデザインだからこそ、あこがれを誘うのだと思います。行き過ぎたフリル、体からはみ出るほど大きなリボン、振り向くだけでひるがえるボリュームスカート。大人になった今、とても着る勇気がなくても、「好きなアイドルのライブに衣装を真似して出向く」という大義名分があればできるかもしれない。アイドル衣装は、変身願望を秘めた女性たちの、強い味方でもあるのです。

夏祭りの浴衣、成人式の振袖、結婚式でのウェディングドレス。女の人が何を着るかのほうが、世の中の節目節目で重視され注目されています。もしかしたら男の人も自分が何を着るかより、隣の女性が変身するところが見たいというバランスで世間は成り立っているのかもしれません。

最近はまた、アイドルの衣装が手に入れやすくなってきています。でんぱ組のレプリカ衣装は全国のヴィレヴァン[34]でたちまち売り切れ、以前は簡単には手に入らなかったカラーパニエ[35]も、今は原宿で１０００円程で手軽に入手できるようになりました。推

▼34 ヴィレヴァン
ヴィレッジ・ヴァンガードの略。「遊べる本屋」をキーワードに、書籍や雑貨、ＣＤ・ＤＶＤなどを販売。アイドルのインストアイベントを行なう店舗も多い。

▼35 パニエ
元はスカートの下に穿き、形を綺麗に見せるための下着。現在はオーバースカートとしても使われ、アイドルの衣装に取り入れられることも多い。

しているアイドルと似た格好ができるというファン心理と、女性の持つ変身願望の両方が叶うのですから、アイドル現場でファッションを楽しむ女性ファンが増えているのも納得できます。

## 決めゼリフ＝キャッチフレーズ

セーラームーンとアイドルの共通点として、戦うときに名乗るという点も挙げることができます。「月にかわっておしおきよ！」はあまりにも有名な決めゼリフですが、他にも「水星を守護に持つ知の戦士！　セーラーマーキュリー！　水でもかぶって反省しなさい」や「木星を守護にもつ保護の戦士！　セーラージュピター！　痺れるくらい後悔させるよ」など、各戦士の特徴が一言で掴めるセリフが必ずあります。

新「セーラームーンミュージカル」（２０１３〜２０１４）の劇中歌「白月五人娘」は、まさにこの決めゼリフで歌詞が構成されている曲となっており、これはどのグループアイドルにもあるのではないかというほど定番の、メンバー紹介曲とよく似ています。戦士の決めゼリフは、アイドルのキャッチフレーズと非常に似た役割を果たしているのです。

同じような背格好の女の子が束になっていると、初見で区別のつく人はいません。一人ひとりを早く覚えてもらうために、色分け、各キャラクターに合わせた自己紹介という工夫はされ、それがセーラームーンとアイドルで共通しているのです。

また、個人だけではなく、ももクロの「今会えるアイドル」やエビ中の「キングオブ学芸会」、さくら学院[36]の「成長期限定」、チキパ[37]（Cheeky Parade）の「攻撃的で小生意気」といったように、グループ自体にもキャチコピーやテーマがついていますが、これはセーラームーンの「愛と勇気のセーラー服美少女戦士」というフレーズと同じといえるでしょう。

これは映画でも小説でも、飲食店にでも言えることですが、ある程度中身が分からずに人に興味を持ってもらうのは難しいことです。だからこそ、その導入の段階で伝わりやすい宣伝文句、テーマがあるのは大事なことなのです。キャッチフレーズとは小説でいうところのあらすじ、映画でいうところの「予告」ではないでしょうか。

## 古今東西・ヒーローものの三大要素

東映で平成仮面ライダー[38]などのプロデューサーをされている白倉伸一郎さんによれ

▼36 **さくら学院**
学校生活とクラブ活動をテーマに色々な分野で個性を表現していく、成長期限定ユニット。2010年に結成され、『夢に向かって／Hello! IVY』でCDデビュー。毎年春に卒業と転入を繰り返しながら活動を続けている。

▼37 **Cheeky Parade**
エイベックスの「iDOL Street」の候補生の中から2012年に結成された9人組アイドルユニット。同年、『Cheeky dreamer』でCDデビュー。2013年にメジャーデビュー。Cheeky=小生意気をテーマに、活動中。

▼38 **平成仮面ライダー**
2000年に放送された『仮面ライダークウガ』以降の仮面ライダーシリーズのこと。それ以前のシリーズでは共通していた「仮面ライダーは改造人間」という設定を外すなど、大幅なリニューアルを行なった。

ば、古今東西のヒーローものの物語に共通する三箇条として「不思議な出生」「怪物退治」「財宝の獲得」が挙げられるのですが、実はこれ、セーラームーンとアイドルにも当てはまる要素なのです。「ある日突然セーラームーンとして目覚め」「妖魔たちを倒し」「幻の銀水晶を手に入れる」セーラームーンは、読者や視聴者を巻き込んでいくための鉄板である三大要素がまさに含まれています。

アニメでも漫画でもないアイドルがこの要素を含んでいるとは結び付きにくいかもしれません。しかしアイドルとは多くの場合、本人の意識とは別に、プロデューサーという存在があります。グループ名からメンバー、活動方針までを決めるのはこのプロデューサーで、それらのほとんどを自分の意志で決めていくバンドやお笑い芸人という職種とは一線を画すものがあります。

セーラームーンも決して自らの強い希望で戦士になったわけではなく、不思議な喋る猫・ルナに「うさぎちゃんは選ばれた戦士なの、使命があるのよ」とある日突然宣告されるところから物語が始まります。

中学2年生の、まだ自分の将来のことなんて考えられもしないうさぎたちが意志とは裏腹に戦士として目覚め次第に強くなっていく姿と、これから女優、歌手、タレントなど何者になっていくかも分からない少女たちがアイドルという道の中であらゆる経験を吸収していくさまは重なります。

10年代のアイドルカルチャーの中でひとつの大きなキーワードとなっているのが「物語性」です。あらゆる下積みを経て、徐々に大きくなっていく規模とアイドル自身の成長をファンと共有していく。アニメでも漫画でもないアイドルにこそ、リアルタイムで進んでいく物語性を求める人は非常に増えています。

私の教え子であるアプガ▼39（アップアップガールズ（仮））で、この三大要素を説明してみましょう。

アプガは2011年に、ハロプロエッグを実質クビにされた7人で結成されました。当初このメンバーの組み合わせに「余り物が寄せ集められた」と思うメンバーも少なくなく、活動に大きな期待を抱くことなくグループはスタートします。

この〝クビになった〟という共通点だけで、本人たちが本来抱いていた夢とは違う場所に集められたメンバー（不思議な出生）は、オリジナル曲をなかなかもらえないまま、ライブをしていくことになりました。披露するのはハロプロの先輩のカバー曲ばかり。それも自らYouTubeを見て振付をおこし、練習をして。

自分が志半ばで諦めざるを得なかったグループのカバーをし続ける日々がおよそ1年続いたのち、彼女たちはオリジナル曲を手にします。そこからいわば〝敵《かたき》〟となっ

**▼39 アップアップガールズ（仮）**
ハロー！プロジェクトの研修生「ハロプロエッグ」を卒業した6人で、2011年に「アップフロントガールズ（仮）」を結成。その後「アップアップガールズ（仮）」へ名称を変え、2012年、『Going my ↑』でCDデビュー。現在は7人で活動中。

た「ハロプロ退治」ともいうべき快進撃は続きました。

目指す箱はどれもいわく付きの場所。最初に目指したのは、あのエッグ強制卒業を宣告された横浜ブリッツ。6年ものエッグ期間に突如幕を下ろさなければならなくなったその地で、今度は7人だけの力でお客さんを一杯にする。クリアすればまた新たな目標が生まれ、次はハロプロの聖地・中野サンプラザに。2014年6月に行われたアプガ中野サンプラザ単独公演のチケットは、即日完売するまでになりました。

しかし、ハロプロもまた、その規模を広げつつあり、武道館単独ライブを成功させるグループが続き、モーニング娘。'14のリーダー・道重さゆみ▼40の卒業コンサートは横浜アリーナで行なわれました。

このようにアプガはライバルであり礎であるハロプロという存在と戦いながらも、自分たちだけにしか開拓できない道を拓きながら目標を達成（財宝獲得）していっているのです。

他にも、でんぱ組が大きく注目されるきっかけとなったシングル『W.W.D』はメンバー一人ひとりの生い立ちと6人が集まるまでの物語を強く打ち出したものでした。ももクロは「紅白出場」「国立競技場ライブ」などはっきりした目標を掲げ、そこをクリアする物語をファンと共有してきました。

**▼40 道重さゆみ**
1989年生まれ。2003年、第6期メンバーとしてモーニング娘。に加入。2012年から、モーニング娘。8代目リーダーを務める。担当カラーはピンク。趣味はテディベア集め。歴代最長の4329日間のグループ在籍期間を経て、2014年11月26日、モーニング娘。'14を卒業しました。

第1章で書いた「推す」という原動力が感情移入から来ているものだとすれば、この物語性という要素はとても効果的といえます。

アイドルファンで、最初から完ぺきな姿を求める人はあまりいません。成長していく過程こそがアイドルを応援し、見守る醍醐味だからです。

これもまた、セーラー戦士が徐々に強くなっていくストーリーとよく似ています。セーラームーンは最終的にエターナルセーラームーンへと進化していきますが、はじめからエターナルセーラームーンを求められているわけではなく、試練を乗り越えて強くなっていくセーラームーンだからこそ、少女たちのあこがれとなったのでしょう。

そして、それこそが私の全アイドルへの願いでもあります。どんなかたちであれ、私たち女性ファンにとってのあこがれの存在であってほしいということです。目先の「かわいい」という言葉に踊らされるのではなく、内面から充実した時間を過ごして、誇りを持った美しい女の子こそがアイドルなのだと世界に見せつけてほしいのです。

## 実際のアイドルをセーラームーンに例えると

この章を通じて、アイドルはセーラームーンのような存在である、と共通点を挙げ、ヒーローものの物語三大要素をアプガを通して説明しました。具体的にどのメンバーがどの戦士的であるか、グループ内での役割をセーラー戦士で例えるとその関係性が明確に見えてくる、ということに焦点を合わせたトークイベント、「セーラームーン妄想キャスティング会議」を第2部（P096）に収録したので、そちらも併せてご覧ください。

## アイドルファンのススメ

ここまで女性目線でのアイドルの魅力を私なりに解説してきましたが、今まで一度もアイドルのライブやイベントに行ったことがない、という人もたくさんいるはずです。そういった人でも取っ掛かりやすいアイドル現場への入り方を、私を例に紹介していきたいと思います。

私の場合はまず、テレビで紅白を見てBerryz工房[41]を知り→YouTubeでPVを見て→繰り返し見ていくうちに各メンバーの名前と顔が一致するようになりました。そこからネットの映像だけでは物足りなくなり、ライブDVDを購入しました。

さて、そうなってくるとそろそろ実際のライブが見たくなってくると思います。い

▼41 **Berryz工房**
2004年にハロー！プロジェクト・キッズの中から選ばれた8名で結成、『あなたなしでは生きてゆけない』でメジャーデビュー。現在は7名が在籍。2015年春で無期限活動休止する。

きなりチケットを買い単独公演に行くのにハードルを感じるようであれば、最初は無料のリリースイベント（リリイベ）に行くのがいいでしょう。会場としてはCDショップの店頭やショッピングモールなどが多く、見やすいところばかりとは限りませんが、なにより気軽に行けるのが魅力です。

好きなアイドルのサイトの「スケジュール」欄を見れば、直近のイベント予定が書いてあるので、CDが出る前後のタイミングでのリリイベを狙うのがいいでしょう。リリイベでは曲数もそれほど多くはないですが、ライブ会場の空気をつかむには十分です。

ワンマンライブの場合、女性にはホール会場をおすすめします。客席に椅子が設置された会館や、2階の椅子席が開放されているライブハウスであれば、人混みでもみくちゃにされる心配はありません。

スタンディングの会場でも、女性専用エリアを設けているグループがあります。こちらもスペースに余裕があり、ライブ前にアナウンスがあるはずですので、各グループのインフォーメーションをよくチェックしてみてください。

他にも、対バンイベントであれば一度にたくさんのグループをチェックできますし、今はアイドル以外のジャンルのアーティストとの対バンを行なうグループも増えてきています。自分が好きなアーティストと同じイベントに出演するアイドルは音楽的にも親和性が高いことが多いので、興味を持ちやすいかもしれません。

実際に私と友人のアイドル好き仲間でリリイベやワンマンライブ、フェスイベントにアイドルを見に行った様子を2部の「なでksジャパンの現場レポート」（P060）で紹介しています。こちらもどうぞ参考にしてみてください。

（P060）

### オープンスペースの会場・例（都内近郊）

| |
|---|
| タワーレコード各店舗 |
| お台場・MEGA WEB |
| マルイシティ渋谷・店頭プラザステージ |
| ららぽーと柏の葉・センタープラザ |
| ららぽーと豊洲・シーサイドデッキ |
| サンシャインシティ・噴水広場 |
| 池袋東武・スカイデッキ広場 |
| ダイバーシティ東京プラザ・フェスティバル広場 |
| ラゾーナ川崎・ルーファ広場 |
| たまプラーザテラス・フェスティバルコート |
| 大宮ステラタウン・メローペ広場 |

### ホール&2階に椅子席のある会場・例（都内）

| |
|---|
| 中野サンプラザ |
| 渋谷公会堂 |
| 渋谷マウントレーニア |
| 日本青年館 |
| 日本武道館 |
| 赤坂BLITZ |
| Zepp Tokyo |
| Zepp DiverCity |
| TOKYO DOME CITY HALL |
| など |

### 女性エリアを設けているアイドルグループ・例

| |
|---|
| AKB48グループ |
| 乃木坂46 |
| ハロー!プロジェクト |
| iDOL Street |
| 東京パフォーマンスドール |
| PASSPO☆ |
| アップアップガールズ（仮） |
| でんぱ組.inc |
| BABYMETAL |
| など |

# 第3章 アイドルとアイドル性

第1部の最後の章では、私自身の経験を元に、女の子目線でアイドルについて考えてみたいと思います。私は小学生の頃、児童劇団に所属していて、ある日オーディションに合格し、ミュージカル「セーラームーン」のちびうさ役に決まりました。当時はとにかく無我夢中でやっていたことも、今振り返ってみると、アイドルの振付師をしている現在に活かされる経験だったことがよく分かります。

## ちびうさだった

私は幼少期にあらゆる習い事をしていた内のひとつとして児童劇団に通っていました。並行して週2回、モダンバレエも習っていたのですが、児童劇団ではバレエ以外のジャンルのダンスや発声、あいさつの仕方など幅広いレッスンを受けられるということで通い始めました。どれもあまり身にはつきませんでしたが……。

所属はしていたものの、長い間いわゆる芸能活動はしていませんでした。児童劇団の稽古場の壁にはオーディション募集の貼り紙がたくさんあり、自分が受けたいオーディションがあればそこに名前を書き込むシステムだったのですが、私はそれにほぼ参加していなかったのです。

丸2~3年、仕事をしないまま通い続けていたあるとき、私のことを少しだけ気にかけてくれた一人のスタッフさんがあるオーディションを勧めてくれました。

それが小学校4年生で初めて受けたセーラームーンのおもちゃのCMです。それにはあっさり落ちてしまうのですが、4年生の終わりに、またセーラームーンのオーディションがあると私は耳にします。そしてあまり詳しく内容も見ずに、リベンジのつもりで出した書類が通過したと連絡が入りました。「よ~し、今度こそおもちゃのCMに出るぞ~」と張り切っていた私に、母は少し浮かない顔で尋ねてきました。

「これはミュージカルのオーディションでね、決まれば5年生の夏休みまでずっとやることになるの。でも4年生の3学期が終わったら、青森に転校する予定でしょ。もしセーラームーンのミュージカルに出るんだったら、夏海一人で東京のおばあちゃんちに住んでお稽古することになるんだよ。それ、できる?」

なんだか分からないけど、思ってたのよりもすごいことに巻き込まれそうだ。やめとこう。そう察した私は、母に劇団へ断りの電話を入れてもらったところ、「なかなか書類が通らないものなので、せっかくだから行ってきてください」と言われ、記念受験のような気持ちでオーディションを受けることになったのでした。

しかしオーディション当日、私は40度の熱を出し、そのまま父に車で送ってもらうことに……。

私がひとりフラフラと会場に入っていくと、レオタードを着た女の子たちがお母さんやマネージャーにしっかりと付き添われ、ウォーミングアップをしているのです。フリースにジーパン（父の趣味）はもちろん私だけ……。

最初の審査がセリフとダンス審査だったためか、（演技はともかく）そのまま最終審査へ進むことになったものの、親子面談をする際私だけ保護者がいないのです。焦っている審査員に近くに父が車を停めているはずだと伝えると、ちょうど近くの中華屋で昼食をとっていた父を捕えてきてくれました。

そんな、良いところがひとつもなかったはずの最初で最後の大きなオーディション。これで悔いなく青森へ転校……と思っていたところに、まさかの合格という連絡。

初めての芸能界、初めての転校、初めて実感する「ひとり」。何もかも初めて経験する夏が、この瞬間に決まったのでした。

## 一人きりでの上京

セーラームーンミュージカルの出演が決まってから、元々引っ越す予定だった青森へ父と母は先に向かい、私はひとり親元を離れて東京のおばあちゃんの家から稽古に通うこととなりました。学校もその近所の小学校へ、生まれて初めての転入です。「転校生」の私への風当たりは想像よりも遥かにきつく、そもそもクラス自体が学級崩壊状態だったため、間もなく登校拒否するようになりました。音楽室のグランドピアノに上履きのまま乗っかり、先生を泣かすようなあんな場所、学校でも何でもない……。上っ面なことしか言わない女性の校長先生の諭しも、まるで耳には入ってきませんでした。

同時にミュージカルの稽古も始まりましたが、ここでも私は自分の居場所を見つけられずにいました。子役のちびうさはダブルキャスト、もうひとりのちびうさ役は年下ながらも、舞台経験は複数回あり、セーラームーン役の大山アンザさんと同じくハーフの女の子でした。歌もダンスも演技もきちんとできて、何よりお母さんとおばあちゃん親子三世代で稽古に来ていることがうらやましかった。

なんで私は、父と母の元を離れて今ここにいるんだろうと何度も思いました。泣き言を言うと「自分で決めて受けたオーディションでしょ」と諭される。だけどその当時の私にはもう、なんでオーディションを受けようと思ったかなんて、動機を思い起こす余裕は残っていなかったのです。ただ、嵐に巻き込まれたのだと思っていました。

これは本当に、20年近く経ってから気付いたことですが、この頃の私の境遇とちびうさというキャラクターの背景はとても近いものがありました。私が28歳のとき、私のちびうさがすごく好きだったと言ってくれる人に出会い、その人は当時の私のことは何も知らないにも関わらず、淋しさや未完成さを私のちびうさから全て察していました。

子供の頃の私にとってちびうさはどちらかと言えばジェラシーの対象だったためにちゃんと考えたこともなかったのですが、ちびうさという女の子は淋しさの塊みたいな子で、未来からたったひとりで親元を離れてやって来て、戦士として目覚めないことへのコンプレックスにまみれていました。覚醒しないことで周囲からも認められず、いつも仲間に囲まれているうさぎがうらやましくもあり、強くあこがれていました。でも素直に甘えることすら下手くそで、誤解もたくさん生んで……。

こんなに似ているのに、当時は気付きもしなかったことから、逆に自分の余裕のなさが伺えます。とっくに、キャパオーバーだったのでしょう。

## 夢でも目標でもなかったこと

大学に入学するとき、就職時、多くの人が親元を離れるという経験をします。その機会が私は少しだけ早くて、11歳のときに訪れました。その頃のちょっとした絶望感は今でもどこかに染みついていて、思い出せば簡単に不安な気持ちになります。

偏食と登校拒否で祖母を毎日困らせ、ミュージカルの稽古にも全然身が入っていませんでした。あまりにも私が心ここにあらずだったために、見かねた母が一度青森から東京へやって来たことがあります。やっと憎まれ口を叩ける相手が来てホッとしていたのも束の間、すぐにまた母は青森へと帰らなければならなく、それがあまりにも寂しくて最寄りの中野駅までバスで母を見送りに行ったのですが、別れた後泣き疲れて寝てしまった私は、終点の車庫で起こされました。あれほどいつも「車庫行きのバスには乗っちゃダメ」と言われていたのに。

携帯電話もナビもない時代、迷いながらようやく祖母の家に帰ってくると、いないはずの母がいました。「胸騒ぎがしたから戻って来た」と。

このときの気持ちの1%でも、ちびうさに生かそうという姿勢を持っていればなぁと今になって思いますが、その経験は今、教え子をはじめとするアイドルたちへの理解に大きく繋がっているところがあります。

アイドルグループで卒業、脱退はもはや避けられないもので、そういったメンバーが出ない方がめずらしいほどですが、夢や目標が変わることは本来ごく自然なことです。これだけアイドルの多い時代には「気付いたらアイドルになっていた」ということも現実に多々あることで、それは一概に「やる気がない」とか「意識が低い」ということではまとめきれません。なぜならそこに「こんな子がアイドルに」という予想外の可能性や面白さが含まれているからです。

アイドルはアスリート（技術者）と違い、みんながみんな強い志を持っているとは限らず、むしろ今は目指していなくても意志とは裏腹にアイドルに巻き込まれるような時代です。芸能プロダクションに所属しているから、年頃だから、そんな理由で気付いたらアイドルになっていることもめずらしくなく、むしろ目標はそこから見つけていくケースが大半です。だからアイドルになって別の夢が明確になることは、ごく自然なことだと思うのです。きっとその夢は、アイドルの活動を通してでなければ、見つけられなかったものでしょうから。

そう考えると、むしろ卒業するアイドルは割合としてはとても少ない、という考え方もできます。目標じゃなかったはずのアイドルに巻き込まれ、それでも続けられるのはどうしてでしょうか。

セーラームーンでも、戦士たちの本音がたくさん吐露されるシーンがあります。「なりたくてなったわけじゃない」「本当は◯◯がしたかった」。それでも戦いをやめなかった戦士とアイドルの共通点は、「現在形で必要とされていること」なのではないかと思います。

夢は自分の頭の中だけでゆっくり育てられます。妄想もたくさんできます。でもアイドルもセーラームーンも、それを考える暇もなくステージや戦地に出て、自分の役割を実感しているのです。人前に出て、実戦を繰り返すことで明確になる自身の適正は、頭で考えて導き出した夢と同等の価値があるし、先に実感を伴っている分の強さも含んでいます。

だからもし「今なぜ自分はアイドルなのか」と迷う子がいたら、「自分で選んだ道でしょ」と突き放さず、何かを実感できるまで付き合ってあげたい。それがちびうさだった私への解答であり、大人になってからの役目なのだと思っています。

## 語り続けられる「アイドルとは？」

誰でもアイドルになれる時代、目指さなくてもアイドルになれてしまう時代。自分がまさかアイドルに、と思っていた女の子がなることで、既存のアイドル像を更新していく面白さもありますが、一方で大切にしてあげたいのはアイドル志願アイドルでしょうか。

「アイドル」に対する考え方は大きく分けてふたつあって、ひとつはあくまで見習い状態のこと。何者かになるためのステップという捉え方です。

そしてもうひとつは存在そのもののこと。歌って踊って多くの人に愛される生き方を指します。

アイドルファンの女の子が増えているということは、同時にアイドル志願者も増加してきているということで、しかもアイドルになる（ステージに立って歌って踊る）こと自体へのハードルは下がっている。それではこれで、彼女たちの夢は達成されたことになるのでしょうか。

アイドルファンでない人が持つ大きな疑問で「アイドルはこの先何になるのか」「アイドルファンはアイドルに将来どうなってほしいのか」というものがあると思います。こうした疑問は先ほどのアイドルに対する考え方が前者であることが前提に生まれるものだと思いますし、実際いつかは女優、モデル、タレントになりたいというパワーを糧にして活動している子もたくさんいます。

しかし後者のケースも増えてきているのが現状です。そういう子たちにとっては「アイドルの先に何になるか」ではなく「アイドルとしてどう成長していくか」の方が大事なのです。

アイドルになること自体へのハードルが下がっていても、より多くの人から愛され、自分で納得のいく自分になるまで、彼女たちの戦いは続きます。

## では、「スーパーアイドル」とは？

同性からの支持というのは男女・ジャンル関わらず、力になるものであり、ブレイクの指標でもあります。そもそもファンという存在自体が力になるものですが、異性ファンと比べて恋心の要素が（多くの場合）差し引かれている分、承認欲求がより満たされやすいのかもしれません。また、恋愛感情が時に人を盲目にするのに対し、その感情抜きとなると、ある種冷静な目で見ても余りある魅力があったのだと、ひとつ別の軸での自信に繋がります。

女性ファンのアイドルへの感情が恋心でないとすると、強くてキュートなセーラーヴィーナスへの「あこがれ」や、ちょっと頼りないうさぎへの「母性本能」など、種類は異なりつつもそれぞれ愛着が湧き、同性だからこその共感もあり、感情移入していくのでしょう。そしてその究極がアイドルからあこがれられるアイドルではないでしょうか。

同じステージに立つからこそ分かる苦労や努力、ファンには見えない部分まで同志だと理解できてしまう。そんなアイドルに目標とされるアイドルを、私はスーパーアイドルと呼んでいます。

## アイドルの寿命

アイドルを語る上で「刹那」という言葉は必ずと言っていいほどつきまといます。アイドルとは限られた時間の中で活動するからこその美しさがある、いつかは終わるもの。限りあるものを美徳とする感覚は非常に日本人的だと思いつつも、これは単純に前例がないから、ではないでしょうか。例えば男性アイドルではSMAPがいち早く開拓している道であり、それは現在も更新中です。SMAPは歌番組が少なくなっていた90年代前半に既存のアイドルの活躍の舞台とは違うバラエティ界で頭角を現し、国民的グループとなっていきました。SMAP以前とSMAP以降では、男性アイドルの寿命が格段に違います。

今となっては普通になった「男性アイドルなら40代になっても現役で長く続けられる」という風潮も、少なくとも90年代半ばまではなく、先輩グループの男闘呼組[42]、光GENJI[43]も約8年でその活動に幕を下ろしています。結婚しても、父親になっても、20代じゃなくても、男性ならアイドルを続けられるという考え方が定着したのは、SMAPという前例があったからです。

そういった例が、女性アイドルからも出る予感が最近はしています。そんな存在が、これだけ多種多様な女の子たちがアイドルとして認められる今の時代からなら、生まれてもおかしくないと思うのです。

青春を消費するのではなく、アイドルを通して息の長い春を過ごす子たちがいてもいいのでは、と願わずにはいられません。

▼42 **男闘呼組**
1985年から活動を開始した、ジャニーズ事務所所属のグループ。メンバーの増減やグループ名の変更を経て、1988年に『DAYBREAK』でレコードデビュー。1993年解散。

▼43 **光GENJI**
1987年に結成されたジャニーズ事務所所属のグループ。同年に『STAR LIGHT』でレコードデビュー。メンバーの脱退、グループ名の変更を経て、1995年に解散。

「女性には賞味期限がある」という人がいます。だから女性アイドルを長期間続けることは難しい、と。その時に思い出してほしいのが「推す」ことへの原動力です。我々アイドルファンは、推しへ感情移入しているのです。おばさんになったら興味が失せる人ばかりではない、推しているその子がこれからどう過ごしていくのか、許される限り見守りつづけたいのです。

SMAPは決して、40代の男性アイドルを認めさせたわけではなく、「彼らだから」ファンが離れていかなかったということを証明しています。「彼じゃなきゃ」「あの子じゃないと」いけない。それこそが年齢も性別も、時にジャンルをも飛び越えたアイドル性なのだと思います。

## 消費されないアイドル

アイドル性。それは決してアイドルと呼ばれる女の子たちだけのものではありません。年齢や性別、ジャンルなどの垣根を超えて持つ可能性があるのがアイドル性であり、「国民的」と名の付くものには、それは必須条件である気もします。

例えば桑田佳祐さんやタモリさんは、発表する楽曲や出演する作品もさることながら、「その人自身の魅力」に惹かれるファンが多いケースです。

　これは他のアーティストのライブやお笑いの公演でも同じことが言えて、ライブ会場、劇場まで足を運ぶ人は楽曲やネタだけではなく、興味の対象が彼ら自身にまで及んでいます。入口はそれぞれ違っても、「存在そのもの」を好きになる。そこがいち観客とファンの違いと言えるでしょう。

　アイドル性とは、技術論などの理屈を超えた「そのものの肯定」なのです。

　出所は確かにアイドルながらも、今や唯一無二のジャンルを築きつつあり、アイドルに区分するには難しくなったPerfume[▼44]もアイドル性という視点で語れば、それが非常に高いグループといえます。世間的に認知度の高い、音楽性、映像作品、メディアアート、そしてハイレベルなパフォーマンスの他に、ライブでは3人の魅力や発信する言葉でこのグループが成り立っていることがよく分かるのです。

　確かに楽曲も照明も演出も振付も、世界に誇れるものではありますが、ファンはそれだけが目的なのではなく、あ〜ちゃん、かしゆか、のっちの3人に会いに来ているのだということが、ライブ会場の空気でよく伝わってきます。

　そういう意味では、SPEED[▼45]もアイドル性を持ったグループだったのだな、と実感します。年齢的にはどんぴしゃでありながらも「本格派」という路線に身を置いて

**▼44 Perfume**
2000年、広島アクターズスクールの生徒3人で「ぱふゅ〜む」として結成。1名のメンバー変更を経て、2003年に「Perfume」へ改名、2005年に『リニアモーターガール』でメジャーデビュー。メンバーは西脇綾香（あ〜ちゃん）、樫野有香（かしゆか）、大本彩乃（のっち）の3人。

**▼45 SPEED**
1996年に結成された。ボーカル&ダンスグループ。『Body & Soul』でCDデビュー。2000年に一度解散するも、その後復活。メンバーは上原多香子、島袋寛子、今井絵理子、新垣仁絵の4人。

いた彼女たちがアイドルなのか否か、世間は度々議論を交わしましたが、当時中学生の私は4人に確実にアイドル性を感じていました。

「誰でもアイドルになれる」と言われる時代、アイドル志願者が簡単に夢を叶えられる時代、そして入れ替わりが激しくアイドルが消費される時代……。穿った見方をすればそう受け取れても、実際アイドル性を持ったアイドルはそんなに簡単に生まれるものではないのかもしれません。

物語を共有し、感情移入され、存在そのものを肯定される。技術だけであれば鍛錬を積めば良くとも、その量だけが比例するわけではないのがアイドル性。だけど頑張る姿と成長は愛される必須条件でもある……。つまり努力と技術だけが評価軸ではない上に愛され続けるのがアイドル。

そう考えるとアイドルってなんて難しいものなのでしょう。全然、「誰にでもなれる」ものじゃないじゃないか。スーパーアイドルや寿命の長いアイドルとは、きっとそれを持ち合わせているのでしょう。そしてまたそこにこそ消費されないヒントがあるのではないでしょうか。

第2部

# アイドルの楽しみ方 実践編

実況

# なでksジャパンのアイドル現場レポート

アイドルのイベントには行ってみたいけど、どんなところに行けばいいの……という人は多いはず。
そこで、KSDD界のなでしこJAPANこと「なでksジャパン」が立ち上がり、
さまざまなシチュエーションのアイドルイベントに参戦！　その実態をレポートします。

## なでksジャパンとは?

なでksジャパンとは、“KSDD※界のなでしこJAPAN”の略で「アイドル」という共通の趣味を持った仲間。日々愛でたいアイドルのイベントに通っては、カフェやLINEでアイドルトークに花を咲かせたり、全然関係ない話に逸れたりしている4人組。

※KSDD…クソDDの略。DDとは「誰でも大好き」の略で、推しを一人に絞らず、広くアイドル全般を好きな人のこと。

**二宮なゆみ**
にのみや なゆみ
モデル。
なでksジャパン長女。
Twitter：@shiyoh7100
90年代ビジュアル系を経てアイドルに行き着く。

**竹中夏海**
たけなか なつみ
振付師。
なでksジャパン次女。
Twitter：@723takenaka
ハロプロを見たのがアイドル振付師を志すきっかけ。

**小口桃子**
おぐち ももこ
モデル、美脚時代。
なでksジャパン三女。
Twitter：@momoko_oguchi
なでks唯一の現役アイドル兼アイドルファン。

**日笠麗奈**
ひかさ れいな
モデル兼KSDD。
なでksジャパン四女。
Twitter：@reina_hikasa
ハロヲタ出身、ももクロ経由、KSDD。

## アイドル現場のすすめ

アイドルイベントの一番の魅力は、やはりアイドルのライブを生で見ることができるところ。最初こそ、参加するのに勇気がいるかもしれませんが、最近は女性でも、おひとり様でも、参加しやすい形態のイベントが増えています。

また、友達と一緒に参加すれば、終わった後の感想戦などでも盛り上がります。一般的なイメージだと秋葉原かもしれませんが、実は渋谷・新宿・お台場・池袋など、アイドルイベントが頻繁に行なわれている街は他にもいくつかあるので、その中でそれぞれ1〜2つ行きつけのお店を見つけておくと便利！　女性なら、いかにも女子っぽい小綺麗なカフェやレストランなんかは、イベント直後でも逆に空いていることが多いので穴場です。

## イベント情報の調べ方

気になるアイドルができて、イベントに行ってみたいと思ったら、まずはオフィシャルサイトをチェックしましょう。「スケジュール」あるいは「イベント」欄に、今後のイベント・ライブ情報が掲載されているはずです。

イベント情報のページがなかなか更新されないサイトの場合、ブログのみで告知がされている場合もあります。

最近では公式のTwitterアカウントのあるアイドルが多いので、フォローをしているとイベント情報が入ってきます。無料のメルマガを発行しているグループであれば、そちらに登録してみるのもいいかも。

とにかくアイドルイベントであればなんでも！という場合は、カレンダーからその日のイベント情報を探すことのできる「GiRLPOP Scheduler」（http://www.girlpop.jp/）がオススメです。

## アイドルイベントにはどんな種類がある？

一口にアイドルイベントと言っても、その中身は千差万別。無料と有料、ショッピングモールなどのオープンスペースやCDショップ、ライブハウスなど会場の差もあれば、単独イベントと対バンイベントの違い、などなど……。

ここではそれらのイベントを「リリースイベント編」「ワンマンライブ編」「アイドルフェス編」、そして番外編の「遠征イベント編」の4つのシチュエーションに分類しました。それぞれどんなイベントなのか、私と私の友人からなる〝なでｋｓジャパン〟の4人で体験レポートしてみたので、ご覧ください。

好きなアイドルを登録しておくと便利

アクセスはこちらから▶
GiRLPOP Scheduler
http://www.girlpop.jp/

## 現場1 リリースイベント編

お金★　時間★　気軽さ★★★

アイドルのイベントに行ってみたい！と思ったら、まずは一番ハードルが低いリリースイベント（リリイベ）がオススメ。フリースペースならライブ観覧は無料で、CDを買うと優先エリアに入れたり、握手会などの特典会に参加できます。

今回はタワーレコード渋谷店で行なわれた、グッズのデザイン性も高いと評判の6人組HIP HOPアイドルユニット「lyrical school（リリカルスクール＝リリスク）」のリリイベに行ってきました！

### リリースイベントの特徴

- 「観覧無料・CD購入で特典会」の形式が多く、「ライブ会場の雰囲気を体験してみたい時にピッタリ
- CD発売の前後で頻繁に行なわれるので、自分の都合に合わせて参加しやすい
- CDショップやショッピングモールなどのオープンスペースで開催されることが多く、出入りも簡単で敷居が低い

今回の現場は…

# lyrical school『FRESH!!!』リリースイベント

2014年7月18日
@タワーレコード渋谷1F

**lyrical school** リリカルスクール

2010年10月清純派ヒップホップアイドル「tengal6」としてオーディションで選ばれた6人で結成。2012年8月タワーレコードのアイドル専門レーベル「T-Palette Records」に所属するのを機に「lyrical school」にグループ名を変更。tengal6時代からタッグを組むtofubeatsプロデュースによる楽曲も魅力的。

## 19:15 集合

この日のイベントは19:30スタート。シングルCD1枚を購入すれば優先スペースで見ることもできるけど、今回は15分前に集合して後ろの方で観覧。すでにお客さんは一杯でした!

FASHION CHECK! もちろん全員リリスクTで参加。4人共、最近私服でリリスクTしか買ってないような……。

## 19:30 イベントスタート

タワレコ1Fのスペースはステージが高くないので、後ろからでは少し見づらいものの、ともかくさりげなく観られる! そしてさりげなく振りコピもできる! この日はライブの定番曲『リボンをきゅっと』からスタート。lyrical schoolは曲中コール&レスポンスや手を上げるなど、簡単にのれるポイントがたくさんあるので、照れずに参加しやすいです。ほら、シャイなななゆみでもこんなに（右下写真）。

## 20:00
## イベント終了

この日は最後に新曲『FRESH!!!』をやって、全5曲で終了。CDジャケットの全種類をチェック。イベント終了後、CD購入特典のチェキ会やサイン会がありましたが、接触（アイドルと直接話す）が苦手な私達は今日はパス。

## 20:15 カフェへ

タワレコ2Fのカフェへ入った私たちは軽く感想戦を。リリイベは平均3〜5曲くらい。ライブよりはもちろん曲数は少ないけど、フリーでこれだけ観られれば満足。「もうちょっと観たいかも……」と思ったら今度はチケットを買ってライブハウスに!

## 21:30
## CD購入

特典カードが欲しいももこは、帰り際、特典会も終わり落ち着きを取り戻したタワレコにて、シングルを1枚購入。お目当てのayakaちゃんをゲット。ホクホクして帰りました。

# なでｋｓ観戦記

## lyrical school『FRESH!!!』リリースイベント

### ▼なゆみの感想

リリスクのリリイベは何度行っても胸の高揚が止まりません。曲だけでなく、メンバーの魅せる表情にも、イベント中でありながら毎回ギャーギャー言ってしまいます。目が合った時なんて、隣にいるなでｋｓメンバーに「レスもらった!」と報告したくてたまらなくなります（いつもうるさくしてごめん）。リリイベでは割と接触を試みる方なのですが、最近なんだか勇気が出ません。連番してくれる人募集!

### ▼夏海の感想

最近「私服でリリスクTシャツしか買ってないんじゃないか」説が私たち4人の中で静かに広がりつつあるでお馴染み、リリスクちゃん。リリイベの客層が男性、女性、カップルも多かったりする所が、ライブの楽しさ、ノリやすさを証明している気がします。『FRESH!!』は初めて聴いた瞬間「あ、この曲があれば2014年の夏は絶対に大丈夫」と確信できた一曲。リリイベは新曲が毎回聴ける保証があって嬉し過ぎる!

### ▼ももこの感想

みんな大好きリリスクちゃん。ただただ楽しいです!!『FRESH!!!』のリリイベには何度か行ったんですが今回、行くたびにminanちゃんの伸び率がすごい……。今の髪色髪型めちゃくちゃいいし、ソロパートの声の美しさには本当に惚れました。リリイベはライブよりも距離が近い分いろんな発見があるので行くたびに好きになりすぎてつらいです……。

### ▼れーにゃんの感想

hinaちゃんのハーフツインテ! hinaちゃんのハーフツインテ!（箱推しです）リリイベは客席まで明るいことが多くて、見る場所によっては緊張しちゃうのですが、この日は後ろのほうで程よくはしゃげて楽しかったです。大満足。リリース週に連日行なわれることの多いリリイベは、微妙な髪型の変化なども楽しみのひとつです。というわけで、hinaちゃんのハーフツインテ! hinaちゃんのハーフツインテ!（箱推しです）

現場2

# ワンマンライブ編

お金 ★★　時間 ★★　濃密度 ★★★

リリイベでアイドル現場の雰囲気を掴んだら、今度は単独ライブへ！最近はファンクラブに入っていなくても、ネットで手軽にチケットを取れるワンマン公演が増えています。女性が初めて行くなら、もみくちゃにされる心配のない、座席のあるホールコンサートがおすすめ。スタンディングの場合でも女性エリアを設けているグループは増えてきているので、事前にチェックしてみると良いかも。

**ワンマンライブの特徴**

- 好きなグループのパフォーマンス・世界観をたっぷり楽しめる
- リリースイベントなどではなかなか見られない、レアな曲を披露することも
- MCコーナーも長めで、メンバー同士の関係性がよくわかる

今回の現場は…

# スマイレージ LIVE 2014夏 FULL CHARGE ～715日本武道館～

**2014年7月15日**
**@日本武道館**

**スマイレージ**
2009年4月、ハロプロエッグのメンバーにより結成。2010年に『夢見る15歳』でメジャーデビュー。取材時は6名のメンバーで活動していたが、2014年12月、「アンジュルム」に改名し、9人での活動を開始。

## 16:30 集合@渋谷

この日は、以前私とももこが予約したリリスクのオーダーTシャツの店着日！　ギリギリまで仕事だったなゆみ以外の3人は早めに集合。Tシャツを受け取りにマルイへ。ちなみにこの日はスマイレージの現・推しのかななん（中西香菜）カラーである水色のトップス、リュックにはスマイレージワッペンを付けました。

## 17:00 渋谷でイベントに遭遇

そしてマルイの入口スペースに下りるとリリスクちゃんがリリイベをしているという、何ともしてやられた感。時間があまりなかったけど、そこは覗いてしまうに決まってます。ちょうど「なでksジャパン2期生」のレイチェルを発見したので、時間の許す限り一緒に観覧。

## 18:10
## 会場前でなゆみ合流

九段下の駅で別件の仕事終わりのなゆみと合流。この日は暑かった……。あおいでますね。

## 18:30 開演

スマイレージの記念すべき初・武道館。こんなにおめでたい日なのに、私とれーにゃんのハロヲタ勢2人の顔が切ないのは、元メンバーにして共通の推し、ゆうかりん（前田憂佳・ピンク担当）に思いを馳せてしまったから。

でも始まったら現メンバーの推しかななん（中西香菜）の担当カラーである水色のキンブレを振りましたよ。一方ハロプロはそんなに詳しくないなゆみとももこは冷静。

ゆうかりん……

## 21:30
## ライブ終了、ご飯へ

笑って泣いたスマ初武道館（泣いたのは主に私とれーにゃん）。武道館の後は、もちろんここです。ロイヤルホスト九段下店!

武道館でライブがある日はとても混むので、他のお店も事前に調べておいた方が安心かも。

# なでｋｓ観戦記

## スマイレージ LIVE 2014夏 FULL CHARGE～715日本武道館～

**▼なゆみの感想**

ハロプロやスマイレージに関しては全くのド素人。ハロプロって私の中では地図に載ってない島のようなイメージ。未知過ぎて入るのにものすごい勇気がいるのだけど、実際入ってみるとなんだか居心地が良い感じなんですよね。モー娘。や℃-uteなど、ハロプロのアイドル総出でスマイレージを祝うところとか、強い結束力と家族のような絆を感じました。ハロ、もっと勉強させてください……！『夢見る15歳』最高！

**▼夏海の感想**

開演前、卒メンのゆうかりんに思いを馳せていたら、会場でピンクのサイリウムを振る人たちが。まさか今この会場にゆうかりんが⁉ パニック状態のまま開演。気持ちを切り替えなきゃ、と思っていたら1曲目が『ぁまのじゃく』（インディーズデビュー曲）で涙腺崩壊。その後は新曲の勢い、メンバーのキレにぐんぐん惹付けられたけど、フリートークでスマメン特有の自由さがもっと見れたら嬉しかったなぁ。

**▼ももこの感想**

ハロに詳しくない上に一番わからないスマのワンマンだったのでどきどきでした。パフォーマンス力の高さとやはりみんな可愛いのでステージから目が離せなかったんですが特にカメラに抜かれた時の表情やしぐさであやちょに釘付けでした。ハロプログループ総出演でとにかく豪華なワンマン！　大満足!!　次回までに予習と顔と名前の一致、メンバーカラーまで極めようと思いました。ハロプロ……どんどんハマる……♡

**▼れーにゃんの感想**

はぁ、とにかく楽しかった……。スマの曲は〝振りコピ厨《ちゅう》〟の血が騒ぐのでたくさん踊って幸せな疲労感だったし、お祝いに駆けつけたハロメンが登場するたびキンブレの色を変える慌ただしさも嬉しい悲鳴。お客さんの温かい空気も最高でした。やっぱハロプロが好き！　あとは……色白のあの子を想ってひたすら泣きました……。同じ気持ちで、一緒に涙できる友達がいて本当によかった。推し被り万歳。

現場 3

# アイドルフェス編

お金 ★★★
時間 ★★★
アイドルの数 ★★★★★

一気にたくさんのアイドルを見てみたい！と思ったら複数のグループが出演するフェスや対バン形式のイベントへ。中でも毎夏に開催されるTOKYO IDOL FESTIVAL（以下、TIF）は、100組以上が参加する世界最大規模のアイドルの祭典。フリーエリアもあるので、のんびり覗きに行くも良し、チケットを購入してがっつり参加するも良し！

**アイドルフェスの特徴**

- たくさんのグループを観ることができるので、新しいアイドルとの出会いがある
- 普段は一緒にやらないグループ同士のコラボレーションが見れることも
- 屋外で食べたり飲んだりしながら眺めるアイドルは最高!!

今回の現場は…

# TOKYO IDOL FESTIVAL 2014

**2014年8月2日〜3日**
**@お台場・青海周辺エリア**

**TOKYO IDOL FESTIVAL**

2010年から開催されている世界最大規模のアイドルフェスティバル。複数のステージで同時にライブやトークイベントが進行する。2014年は8月2日、3日の2日間にわたり、HOT STAGE、SMILE GARDEN、DOLL FACTORY、ENJOY STADIUM、SKY STAGE、FESTIVAL STAGE、マイナビステージ、INFO CENTRE、TIF STUDIOの9つのステージに138組・957名のアイドルが出演し、総来場者数も4万人を超えた。

## 1日目（8月2日）

### 11:30 ミスiD

**@HOT STAGE**

TIFで一番大きいHOT STAGEで、講談社のミスコン「ミスiD」のステージ。私はこの日初お披露目のオリジナル曲の振付けを担当。朝イチでリハーサルをし、本番にはなゆみ、ももこ、れーにゃん、J-POPユニットONIGAWARAなどが観に来てくれました。

FASHION CHECK!

この日はれーにゃんとなゆみがリリスクトート。合わせたわけではないのに、このリリスク率の高さ!

### 13:45 東京女子流

**@HOT STAGE**

日陰のテントで休憩をした後、先ほどと同じHOT STAGEで、今度は東京女子流へ。仏頂面になりがちですが、みんな真剣に観ています。

### 14:15 休憩

暑すぎるので険しい顔でかき氷を食べ、その後逃げ込むようにビーナスフォートへ。お台場で開催されるTIFでは、涼しくてほど良く空いているビーナスフォートが埋立地のオアシスです。

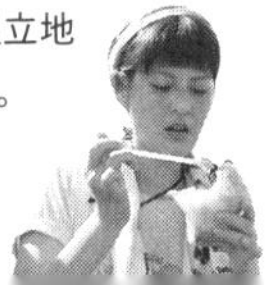

## 16:00 れーにゃんMCのトークイベント

@INFO CENTRE

れーにゃんがこの日「妹にしたいアイドル」という括りでトークイベントをするという事でみんなで見守りに。フジテレビ湾岸スタジオの1Fで行われたイベントは超満員!

## 16:55 lyrical school @ENJOY STADIUM

れーにゃんのトークイベント直後、INFO CENTREのすぐ隣のステージにリリスクが出演するため、みんなでそのまま移動。

## 19:10 夢みるアドレセンス

@DOLL FACTORY

リリスクの後、みんなは残ってライムベリー、クルミクロニクル……と続けて観ていましたが、私は前日と早朝のリハの疲れがここで来て一旦抜けて気絶するように仮眠。そして教え子の夢アドを観に、湾岸スタジオ内にあるDOLL FACTORYへ。ステージの進行が押していて、夢アドのひとつ前のドロシーちゃん(Dorothy Little Happy)も観れてラッキー♡

## 20:20 Dorothy Little Happy

@SMILE GARDEN

1日目の締めは、やっぱり切ない曲で、ということでドロシーの名曲『デモサヨナラ』を聴きにSMILE GARDENへ。SMILE GARDENは屋外のオープンステージで、夏の夜にアイドルを観るには最高のシチュエーションです。

## 20:45 ごはん

最後は再びヴィーナスフォートへ行き、みんなでハワイアンハンバーグのお店へ。明日はどこを回ろうか相談しました。

2日目に続く!

# なでｋｓ観戦記 TOKYO IDOL FESTIVAL 2014 1日目

**▼なゆみの感想**

炎天下の中だったけど観てよかったよミスｉＤ！ 果てしなく壮大な物語と作り手の愛情がたっぷり詰まった曲、すごく良かったです。

れーなのトークイベントもれーなからレスもらいまくりで楽しかったし、女子流は何度観ても圧巻。

そして最後に観たＤＬＨの「デモサヨナラ」で素晴らしい一日の締めとなりました。でもなぜだろう。星屑スキャットが脳裏の大半を占めている。

**▼夏海の感想**

当日朝までミスｉＤステージがともかく不安で（参加人数が多く、リハでなかなか揃わない）、ここが終わるまでは楽しむどころではなかったけど、そこを越えてからは観たいところは大体観れたので満足。タイムテーブルが押したために予定外のドロシーをじっくり観られたことがラッキーだった！ 教え子シリーズでまだ観れてないところがたくさんあるので明日に持ち越し。

**▼ももこの感想**

一発目はミスｉＤ！ なでｋｓ二期生のレイチェル大活躍に表情が緩んだと思ったら蒼波純ちゃんの朗読では涙出てきて初っ端から感情持ってかれた……さすがだなミスｉＤ。

暑さで当初のスケジュールから大幅にずれてしまったけど、気になっていたライムベリーやクルミクロニクルちゃんも観れたし、なによりノーマークだった星屑スキャットがものすごい良かったので近々ライブに行きたいと思いました。

**▼れーにゃんの感想**

何の奇跡だか手違いだか、この日はトークイベントのＭＣとして出演させていただきました。なのであまり皆と一緒に回れなかったのは悔やまれますが、なでｋｓ名物・無表情をステージ上から確認できて嬉しかったです。みんないい感じにブスだったぞ☆

自分のステージ終わりで、緊張から解放された状態で見たリリスクちゃんが最高でした!!

## 13:00 会場到着

2日目
(8月3日)

前日の疲れでぐったりだったため、たっぷり睡眠でフル充電してから、私はひとりで会場へ。この日はそれぞれ午前中から観たいアイドル、ライブレポの仕事などで到着時間はさまざま。私がデビュー曲の振付けを担当したグループ「虹のコンキスタドール」(虹コン)の初お披露目がこの日だったため、まずは虹コンの楽屋へ行き最終調整。

FASHION CHECK!

2日目、私はリリスクTシャツYUMIちゃんモデルに、でんぱプールバッグ。

## 13:50
## 虹のコンキスタドール
**@SMILE GARDEN**

SMILE GARDENは屋外にあるオープンステージ。それぞれ別の場所にいた3人も、炎天下の中集まってお披露目を見守ってくれました。

## 14:20 アップアップガールズ(仮)
**@HOT STAGE**

虹コン初ステージ後、アプガを観るため移動。SMILE GARDENからHOT STAGEは徒歩10分くらいと、ちょっと遠め。HOT STAGEもSMILE GARDENと同じく野外ステージで、溶けそうなほど暑い! アプガも振付を担当している教え子のため、私は袖で見守っていました。

## 15:00 休憩

約1時間後のHOT STAGEでのPASSPO☆を観るため、そんなに離れず日陰でかき氷食べつつ休憩。そりゃぁ顔も険しくなります。

# 15:45 PASSPO☆→でんぱ組.inc @HOT STAGE

教え子のPASSPO☆と、なでks全員が好きなでんぱ組の出番が続くHOT STAGEへ。安定の無表情観覧ですが、感動しています。手に持っているのはオレンジ色のキンブレ。でんぱ組の『オレンジリウム』を夕方の野外で観たら、そら泣いてしまいます。

# 17:40 でんぱ組.inc

@マイナビステージ

でんぱ組の後は、夏海&ももこ、なゆみ&れーにゃんの二手に分かれて別のステージへ。二手に分かれるって、なんか、フェスっぽい。
私とももこはマイナビステージへ。セトリはHOT STAGEとほとんど同じだったものの、さきほどはやらなかった『ノットボッチ…夏』を観れたので大満足。アイドルフェスは、出番が複数回あることが多いので、それぞれのステージでどんなセトリかを予想しながらタイムテーブルを組んで行くのが醍醐味でもあります。

**その頃なゆみ＆れーにゃんは…**

なゆみ&れーにゃんはアプガのSKY STAGEへ。湾岸スタジオの屋上という、TIFの中で最もロケーションの良い場所で、しかも夕方。こちらはこちらですごく良かったらしい。観たかった……からだが2つ欲しい。

## 18:15 休憩

私とももこは移動して休憩。もちろんお台場のオアシス、ビーナスフォートです。エビトーストとトムヤムクンで炎天下に奪われた体力を取り戻す。本当はここで休憩後、SMILE GARDEN のPASSPO☆へ向かうはずが、一向に立ち上がれない私達。結局ヴィーナスフォートを出られず、2人のTIF2014・完。

**その頃なゆみ＆れーにゃんは…**

なゆみは、一人SMILE GARDENでPASSPO☆を見守ってくれていました。終盤からは別仕事終わりのれーにゃんも合流した模様。

れーにゃんとなゆみの締めは女子流。『おんなじキモチ』の振りコピで、集まったたくさんのアイドルファンと、推しグループの垣根を超えて盛り上がりました。

## 20:30 フローズンヨーグルト

ヴィーナスフォートで全員集合。前日みんなで食べて気に入ったフローズンヨーグルト再び。「楽しかったね～」なんて話しながら、閉店間際までぐだぐだと話していたのでした。

## 22:02 観覧車へ

TIFの本当の締めはここでしょ!ということで、去年もみんなで乗った大観覧車へ。と思ったら、まさかの営業時間オーバー。喋り過ぎ＆リサーチ不足だとこうなります。

結局隣の東京レジャーランドで遊んで解散。来年も楽しみ!!

# なでｋｓ観戦記

## TOKYO IDOL FESTIVAL 2014 2日目

### ▼なゆみの感想

フェスの醍醐味はやっぱり夕方から夜にかけてですよね。夕方にはSKY STAGEの絶景とマッチしたアプガに心を奪われ、れーにゃんの号泣に心を奪われ、夜はPASSPO☆のもりしが御神輿されてる時の、遠くから見ても分かるおっとこ前なたたずまいと、女子流のゆりちゃんのどこを切り取ってもドストライクな表情に心を奪われるという、とにかく心奪われっぱなしの1日でした。

### ▼夏海の感想

2日目は虹コン＠SMILE GARDEN～でんぱ＠マイナビステージまでずっと野外というグロッキータイムテーブル。なので、その後に行ったビーナスフォートから離れられなくなってしまいましたが、後悔はなし。昼過ぎからのゆったり参戦も、結果的に正解だった！ ただ、えんぱの裏でやったアプガ＠SKY STAGE『End Of The Season』が素晴らしかったみたいで、それを観られなかったことだけが心残り……。

### ▼ももこの感想

2日目はとにかく好きなアイドルをとことん観ようの日！ 大森（靖子）さんは毎回何をするかわからないので絶対観たかったひとつです。自己紹介もせずに歌いきって帰って行った大森さん…かっこいいの一言……。一番の楽しみPASSPO☆→でんぱのHOT STAGEは言うまでもなく楽しくて、このままマイナビステージでおかわりしました。はぁ……好きすぎる♡

### ▼れーにゃんの感想

Negicco、アイドルネッサンス、虹コン……鉄板の推しから気になってる初見の子まで、この日は見たいライブすべて見れました！ なかでも夕方のSKY STAGEでのアプガ（仮）は素晴らしすぎて…そりゃ泣くよね…。今年のTIFのハイライトかも。結局4人で見たのがでんぱ組だけで、なでｋｓらしいっちゃらしいけど、来年はもう少し一緒に回れたらいいな。

現場 4

# 遠征編

お金 ★★★★

時間 ★★★★

旅気分 ★★★★★

アイドル現場の魅力にハマってきたら、ちょっと足を伸ばして遠征をオススメ。行き帰りの行程も旅行気分で楽しいし、現地のおいしい食べ物だって食べられます。もちろん、お目当てのライブへの盛り上がりもさらに高まること間違いなし。

最近はロックフェスのステージにアイドルが出演することも多くなってきたので、アイドル以外の音楽に興味がある友達でも誘いやすいはず。そしてそこからアイドルファンへと引き込むチャンス♡

**遠征の特徴**

- めったに行かない場所へ行くことで、ライブの非日常感が増す
- 友達と一緒に行けば、行き帰りの旅気分もさらに楽しく
- 遠征先の名物料理や観光地など、ライブ以外の要素も充実

ROCK IN JAPAN FES. 2014
15th Anniversary
遠征編ではステージの撮影ができなかったため、なでksの様子からご想像ください。
ROCK IN JAPAN FESTIVAL 2014は6つのステージで同時にライブを行なうロックフェスですが、今回はロックフェス内でのアイドルステージの楽しみ方を中心にレポートします。
なでksジャパンのROCK IN JAPAN FESTIVAL 2014タイムテーブル会議の動画が、cakesの以下の記事の中で公開されています。https://cakes.mu/posts/6612

今回の現場は…

# ROCK IN JAPAN FESTIVAL 2014

2014年8月2日・3日、9日・10日
@国営ひたち海浜公園

**ROCK IN JAPAN FESTIVAL**

茨城県ひたちなか市にある国営ひたち海浜公園にて、2000年から開催されているロック・フェスティバル。主に日本のロックミュージシャンが出演するが、2013年からはアイドルグループも出演するようになるなど、幅広い音楽が楽しめる。

## 1日目（8月9日）

### 8:30 集合

レンタカーを借りてみんなで遠征。運転は主に友達のJ-POPユニット・ONIGAWARAのサティフォが担当してくれました。朝ごはんを買い、出発!　無免許の私は申し訳ないけど爆睡。ところがその間に渋滞に巻き込まれ……。

1日目はリリスクTで参加!

### 12:10 会場到着

お目当てだったBUZZ STAGEでのアイドル出演枠「BUZZ SPECIAL」（10:45〜）に丸ごと間に合わないという事態に。でも大丈夫。
合い言葉は「都内でいつでも観られる」。フェスは雰囲気を楽しむもの!ということで良しとしました。

### 12:20 ごはん

次のでんぱ組までお目当てもないので、入っていきなりコロッケを食べました。やけくそです。おいしかったけど。

## 13:25 でんぱ組.inc

@SOUND OF FOREST

木で囲まれたスペースのステージ、SOUND OF FORESTへ。セトリのラスト『でんでんぱっしょん』の曲振りが、曲中のセリフと同じ掛け合い、というニクい演出でグッときてしまいました。でんぱは楽しいほどなぜか泣けてきてしまうという不思議な罠がある。

## 14:00 きゃりーぱみゅぱみゅ→チームしゃちほこ

@GRASS STAGE→WING TENT

**その頃なゆみ & ももこは…**

ロック好きな2人はフェスを満喫。チャットモンチー、矢沢永吉などのステージを見て大満足!

バンドもたくさん観たいなゆみ&ももこが駆け回る中、アイドルにしか基本興味のない夏海&れーにゃんはここから終始だらだら。

ちゃっかりきゃりーぱみゅぱみゅフードタオルも購入。その後はきゃりーちゃん→チームしゃちほこも覗きに。2組とも単独ライブは行ったことがないので、こういう機会に観られて良かった! 特にきゃりーちゃんは魅せ方も工夫がたくさんあって、ワンマンに行きたくなりました。その後、フェス名物のハム焼きも押さえます。さすがに美味しい。

## 19:15 tofubeats

@BUZZ STAGE

最後はDJやアイドルなどが登場するBUZZ STAGEにみんな集合。藤井隆さんや森高千里さん、リリスクに楽曲提供しているトーフさんなので、アイドル好きも沢山来てました。リリスクはご本人登場で「あ～明日のリリスクのステージ楽しみ～!」と期待度が上がった!!!

## 20:00 帰宅

今回私たちは宿泊せず、日帰り×2にしました。明日もあるので今日はさくっと帰宅。

# 2日目（8月10日）

## 8:30 集合

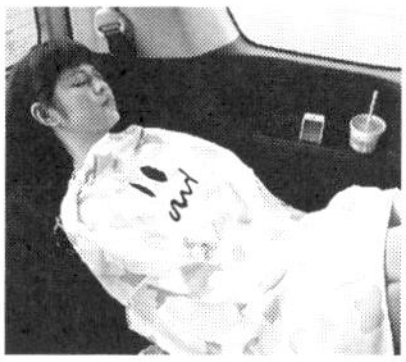

前日と同じスケジュールで朝マックを買い込み出発！　前日と同じく無免許は寝ます。すいません。

## 11:00 会場到着

なぜか今日は渋滞せずすんなり到着。

FASHION CHECK!

2日目はNegiccoTにした！

## 11:15 遊園地

バンドを観たいチームといきなり分かれ、13:30頃からのアイドル枠まで特にお目当てのない私はひとり観覧車へ。ひたち海浜公園は乗り物がたくさんあるのでそっちでも充分遊べます。しかも観覧車、涼しい！　その後れーにゃんも合流し、一緒に迷路も満喫。迷った。

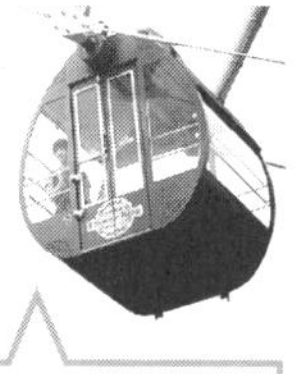

**その頃なゆみ＆ももこは…**

この日も複数のバンドのステージへ。なゆみはtacica、中田裕二。ももこはNortharn19、10-FEETのライブで盛り上がったようです。

## 12:45 ごはん

遊園地でたっぷり遊んだ後は、BUZZ STAGE近くのフードエリア、ハングリーフィールドへ。なんとここから！　ごはんを食べながら！　BUZZ STAGEが見える（音漏れではなくて、見える！）ということを発見し、BUZZ SPECIALの前半部分を眺める。贅沢。

## 14:00 lyrical school、武藤彩未、Negicco @BUZZ STAGE

なゆみとももこも合流してみんなでこの日の私たちのメインともいえるリリスクへ。これがとんでもなく良いステージだった。リリスクが良過ぎて、しばらく何も他の情報を入れたくないな……と思いつつ彩未ちゃんも観たいので残ったら、1曲目が『なんてったってアイドル』。眩しくて涙が。更にNegiccoちゃんが心にしみる……。控えめにケチャなど。

## 15:40 再びごはん

そこからハングリーフィールドに戻り、またしてもごはん。ここはご当地系の食材が使われているお店がたくさん出店しているので、おいしいうえにリーズナブル。野菜がごろごろ入ったカレーおいしい。

## 16:25 大森靖子

@BUZZ STAGE

15:50から別のステージに出る東京女子流がものすごく観たかったものの、かなり離れたステージなので、そちらに行くと大森さんをあたまから観れない、と葛藤した結果、ハングリーフィールドから離れずにそのまま大森さんを観ました。tofubeatsさん同様、アイドル好きも多く集まっていました。

**その頃なゆみ＆ももこは…**

夕方、あいにくの豪雨に見舞われたものの、30分ほどで上がり、再び屋外のステージへ。なゆみは東京女子流Plastic TreeやASPARAGUS、アルカラ。ももこはORANGE RANGEやBIGMAMAを堪能しました。

## 20:30 帰宅

大森さんの後、お目当てのなくなった夏海・れーにゃん組は終了までずっとのんびり。最後までいろんなバンドを観たなゆみ、ももこ、サティフォと合流し車で帰宅。途中のサービスエリアのごはんも遠征の楽しみのひとつ。

# なでｋｓ観戦記

## ROCK IN JAPAN FESTIVAL 2014

**▼なゆみの感想**

ロッキンはアイドルもバンドも出るから見たいアーティストだらけで慌ただしくなります。観たかった女子流と大森さん。時間被ってたけど欲張りました、走りました、観れました！あと、もちゃんとキャッキャしながら観た矢沢が最高でした。プラ（Plastic Tree）は雨模様がすごくマッチしててバンギャルだった15年前を思い出しました。帰りは「なでｋｓのみんなとこの先もずっと一緒にいたい」って切なくなりました。

**▼夏海の感想**

ロック好きのなゆみとももこは忙しそうでしたが、興味がほぼアイドルのみの私とれーにゃんは非常にゆったりとした遠征でした。

アイドルフェスと大きく違うところは、アイドルに楽曲提供をしていたり、関わりの深いアーティストさんのライブも観られるという点。みんなで朝から晩まで一緒にわいわいしながら遠くにお出掛け、というのが大事なことなのでサービスエリアも重要なイベント。

**▼ももこの感想**

2日間日帰り参戦！

アイドルもロックも観たいステージがかぶりまくりでタイムスケジュールを組む段階でもうパニックでしたが、終わってみると予定より多くのステージをまわっていることに驚きました。夏フェスはドルヲタとロック好きが音楽好きの共通点で一緒に行って楽しめるイベントなので旅行の一環としてもオススメ‼

あ、あと来年は大きなステージでPASSPO☆やリリスクちゃんを観たい！

**▼れーにゃんの感想**

リリスクのセトリ、気合い、愛、全てが完璧すぎました。絶対見たかった〝フェスの大森靖子〟も凄すぎてやっぱり涙。しばらく余韻に浸りたくなるような素晴らしいステージばかりで、ライブ見ては感動を噛み締めながらご飯、の繰り返し……結局ほぼアイドルしか見なかったなぁ。あとは巨大迷路と道中のサービスエリア。おそらくフェス好きの方には怒られるだろうけど、私的には大充実！　こんな楽しみ方もアリ！ですよね？

解説

# 実践！女性向けイベントのつくりかた

女性の女性アイドルファンが増えている今、
これまでは難しかった女性限定イベントを行なうグループも出てきました。
今回、竹中夏海が振付を担当する「夢みるアドレセンス」というグループが
2014年7月20日に行なった「夢アド女の子（夏）祭り！」を例にして、
女の子向けイベントのつくりかたを紹介していきます！

## アイドルイベントへのハードルをなくそう

女性アイドルに興味はあるけど、追っかけをするほどではない……という女性にとって、アイドルイベントへの参加のハードルはなかなか高いもの。でもそんな女性たちに、もっとアイドルイベントに足を運んでもらうには……というのはアイドル界全体の課題でもあります。

例えば、前売りチケットや事前の予約を面倒に思う人は多いはず。そこで、すこし余裕のある会場を確保し、当日会場に行ってチケットやCDを買うだけで入場できる

ようにする。そうすればギリギリまで迷っていたり、直前になってイベントのことを知った人でも気軽に遊びに行くことができるし、友達も誘いやすくなります。

また、会場の場所もふだん買い物に行く繁華街や、駅近であれば、初めての人でも不安なく行こうという気持ちになれます。女性ファンの目線に立ったアイドルイベントのつくりかたはもっといろいろ考えられそうです。

昨夏、私たちが行なった女子向けイベントは、どんなことを工夫したのか。企画からイベント当日まで振り返りながら、具体的にご紹介しましょう。

## 3つの企画を考えてみた

今回の夢アドの場合は主に10代の女性のファン層を呼び込みたいため、渋谷１０９のすぐ裏手にある、ホール型の「マウントレーニアホール渋谷」を選びました。

この会場は椅子があるので、一人ひとりが自分のスペースを確保できます。「ずっと立ちっぱなしで盛り上がるなんてできないかも……」という人でも、それぞれのペースで観覧できるのです。

女性ファンは、男性ファンに比べて、「激しい曲で盛り上がりたい」という人より、「衣装や仕草など、ビジュアル面も含めてじっくり楽しみたい」という人が多くいます。そこで、当日披露する曲も、勢いがよく盛り上げる曲よりも、女の子のかわいさが強調される曲を多めにセットリストを組みました。

イベントの構成は、ライブの合間の「ファッションショー」、「クイズ！　私憧れられてる！」、「振りコピ部」という3つのコーナーを軸に考えました。

１つ目の「ファッションショー」は、女子ファン限定イベントとしては非常にベタではありますが、普段なかなか説明する機会のない歌衣装のポイントや、スタイリストの方がデザインやスタイリングでこだわった点などを解説があった上で、メンバーがウォーキングするというものです。夢アドは5人中4人がティーン誌のモデル出身なため、モデルとしてファンという女の子も多く、王道ながらこの企画は押さえておかないと、という気持ちがありました。

２つ目の「クイズ！　私憧れられてる！」は、女性ファンから事前に寄せられた「夢アドメンバーのどこに憧れているか」を発表。メンバーの名前はまず伏せて紹介し、そのコメントが自分のことだと思ったメンバーが自ら挙手。当たっていたら得点、外れたら減点です。これ、外れたら自意識過剰ということで恥をかくバラエティルールなのですが、同時にメンバーが具体的に今同性ファンからどう好かれているかも分かるので、徐々に獲得しつつある夢アド女子ファンが更に増えるためのヒントになれば、という思いもありました。

3つ目の「振りコピ部」は、サビで一緒にタオルを振る『JUMP!』という曲を題材に、みんなで振りコピをしよう！というコーナーです。女性向けイベントならではの趣向として、ランダムに選ばれたファンにステージに上ってもらい、一緒に踊る楽しさと一体感を味わってもらえるようにしました。

## 「夢ジョ」と盛り上げる

イベント開催の2日前、レッスンルームにて最終の打ち合せとリハーサルを行ないました。事前に提案していたアイデアを元に、構成作家さんが具体的な台本に落とし込み、映像作家さんが作ってくれたVTRを持ち寄り、内容と流れを詰めていきます。

ファッションショーのコーナーでは、「夢アドスタッフ100人？に聞きました!! この衣装1番似合うのは誰？」というタイトルのVTRの中でリーダーの荻野可鈴がこれまでの歌衣装を一つずつ紹介しながら、それぞれの衣装に似

### 事前リハーサルの様子

まずは構成台本を元にスタッフで打ち合せ。MCを誰が担当するか、セットリストはこれでいいかなど、調整をしていきます。

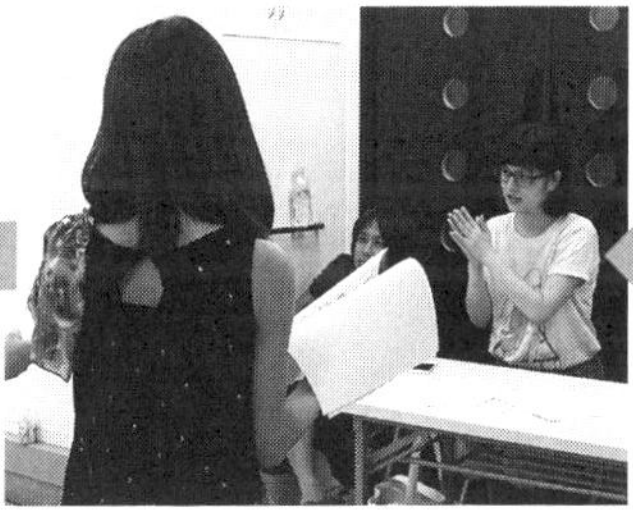

メンバーが来たところで通しのリハーサル。コーナーの趣旨などを説明しながら、立ち位置や曲フリのタイミング、コーナーごとの分数を確認していきます。

合うメンバーを決定。その後、選ばれたメンバーが衣装を着て一人ずつ登場し、ウォーキング。そのまま各自歴代衣装が勢揃いした状態で曲を披露することにしました。

「クイズ！ 私憧れられてる！」のコーナーでは、最下位になったメンバーへの罰ゲームとして、『マワルセカイ』という夢アドの中でも一番カッコいい路線の曲を一人きりで踊ることが決まりました。歌パートでない部分は、無言のため、かなりシュールなものになりそうです。

「振りコピ部」では、抽選で選ばれた女の子ファン20人に実際にステージに上がってもらい、振りコピをしてもらうことにしました。あまりに少人数で選ばれた人達がステージに上がることにひるまないよう、少し多めで設定しました。

同時に、このイベントをきっかけに夢アドの女性ファンを「夢ジョ」と呼称することにしました。名前をつけることで、一体感が出たり、愛着が湧いて、また次も夢アドの現場に来たい、と思ってほしかったからです。

そして2日後、いよいよ本番。それでは、実際に女の子ファンに楽しんでもらえるイベントに成るのか、ワクワクドキドキの本番の様子を紹介していきましょう。

リハーサルでは、罰ゲームで負けた役は京ちゃんがやりました。メンバーも大笑いしながら、和気あいあいと進んでいきます。

ファッションショーのコーナーの確認中。メンバーごとにポーズのイメージをつくります。

# 夢アド女の子(夏)祭り! 当日の様子

2014.7.20
@マウントレーニアホール渋谷

**夢みるアドレセンス**

未来の国民的大女優を目指す、ティーン向けファッション雑誌「ピチレモン」モデルを中心とした"下積みガールズユニット"。ニックネームは"夢アド"で、アドレセンスとは"思春期"のこと。メンバーは荻野可鈴、山田朱莉、志田友美、小林玲、京佳の5人。2013年5月に『泣き虫スナイパ→』でデビュー。

## 開演前 リハーサル

当日の最終リハーサルで、直前まで振付の確認。ステージに立ったときの見え方のアドバイスなどをします。

## 会場 女性専用シート

女性に同伴の男性は入場可ですが、基本は女性中心のイベントなので、前3列は完全女性専用シートとして確保。ライブハウスではなかなか前に行けない女性でも、この日は近くで見てもらえるように工夫。

## 会場 CD・グッズ販売

会場外でのグッズ販売。この日は、男性はイベント券3枚が必要な2ショットチェキ撮影を、女性は2枚でできるなど、女性を優遇したレギュレーションに。細かいところでも、特別感を出しています。

## セットリスト 1 オープニング映像

映像による夢アドメンバー紹介の後、イベントタイトルが出て、ライブスタート!

## セットリスト 2 歌『ハナモモ』

まずはシンプルに楽曲披露。歌詞に「ピンク」がたくさん出てくる可愛さ全開の1曲を選びました。

### 夢アド女の子(夏)祭り! セットリスト

1. オープニング映像
2. ライブ『ハナモモ』
3. 夢アドスタッフ100人?に聞きました!! この衣装1番似合うのは誰?
4. ファッションショー
5. ライブ『キャンディちゃん』
6. クイズ! 私憧れられてる!
7. 罰ゲーム『マワルセカイ』
8. 夢ジョ! 振りコピ部!
9. ライブ『JUMP!』(振りコピ部ver.)
10. みんなで記念撮影

## セットリスト 3 夢アドスタッフ100人? に聞きました!! この衣装1番似合うのは誰?

リーダーの荻野可鈴が、夢アドメンバー5人に合う衣装と、衣装のポイントを楽しく紹介していくVTR。バラエティ能力の高いかりんちゃん安定の出来。

## セットリスト 4 ファッションショー

衣装紹介VTRの後、一人ずつ登場してのウォーキング。ウォーキング中、MCのさわやかゴローさんが衣装担当の方のコメントを影アナしてくれて、さらに情報を追加します。

セットリスト 5

## 歌『キャンディちゃん』

ファッションショー後は、歴代の衣装で1曲歌披露。実はこれ「プリキュアオールスターズ」のイメージで、今日だけのスペシャルライブに、一段と大きい歓声が。

セットリスト 6

## クイズ！私憧れられてる！

クイズのコーナーでは、積極的に手を挙げた志田友美が罰ゲームに決定。自意識過剰だということにも決定。

セットリスト 7

## 罰ゲーム『マワルセカイ』

志田友美が1人で披露した『マワルセカイ』。普段通りの立ち位置なので、中心でもない微妙なポジションでキメる姿に、客席からも笑顔がこぼれました。

セットリスト 8

## 夢ジョ！　振りコピ部！

セットリスト 9

## 歌『JUMP!』（振りコピ部ver.）

抽選に当たった方にステージに上ってもらいました。恥ずかしがって出てこない人もいるかもと心配したのですが、20人全員が登壇！夢ジョ、肝の座ってる子が多いです。みんなで1曲披露しました。

## セットリスト 10 みんなで記念撮影

最後は今回のイベントの総合演習を担当したということで私がカメラマン役として、みんなを記念撮影。女の子祭りの思い出を残しました。

## 総まとめ 女の子向けイベントをつくるなら

いかがだったでしょうか？
イベント終了後、メンバーに話を聞いたところ、「とても楽しかった！」という感想の他に、「すこし緊張した」と言う子も。理由は「同性として、ファンのみんなを引っ張っていくような存在にならなくてはいけないと思うので、しっかりできるかどうか、ドキドキした」ということでした。それ以外の部分では、普段通り、いつもの自分たちを見せることを心がけていたようです。

イベントを振り返ってみると、ファッションショーでのバラバラの衣装での歌披露のコーナーでは、普段あまり見る機会のない過去の曲の衣装を見せることができ、「歴代プリキュア大集合！」のようなドリームチーム感も出せたのではないかと思います。

また、クイズや衣装について触れるコーナーで、ファン

終幕後 **特典会**

イベント終了後の特典会の様子。当日の感想などを直接メンバーと話したり、サインをもらったりすることで、さらに思い出を強くしてもらえたのではないでしょうか。

の女の子なら気になるポイントについて、アイドル本人の口から語ってもらうことにより、女の子同士の共感が生まれたのではないでしょうか。

　というわけで、今回は夢みるアドレセンスのイベントを例に女性向けイベントを作るときに工夫したポイントや、当日の様子をレポートしました。最後に、女性向けのイベントをするならばここがポイントだ！と私が考える3つを挙げて、このコーナーを締めくくりたいと思います。

　このように女性ファンに向けたアイドルイベントも最近は徐々に増えてきています。1人で気軽に、またはアイドルファンとはいかなくても可愛い女の子には興味がある、という友達を誘って、参加してみてはいかがでしょうか？

**女の子向けアイドルイベントをつくる3つのポイント**

**1 間口を広く、わかりやすく！**

**2 ビジュアル面を重視した内容に！**

**3 「女の子だけの特別」で一体感を！**

座談会

# セーラームーン妄想キャスティング会議

竹中夏海＋大森靖子＋日笠麗奈＋児玉雨子

「セーラームーンのキャラにアイドルグループのメンバーを当てはめたら……」
という妄想トーク!!　アイドル好きでセーラームーン世代の
大森靖子、日笠麗奈、竹中夏海と、マンガ好きでアイドルへの
作詞提供も行なっている児玉雨子の４人が集まって、
好きなアイドルグループのキャラや
関係性を読み込み、考えた
妄想キャスティングを発表していきます！

# セーラー戦士たちのキャラクター紹介

**竹中夏海**▼今回の妄想キャスティングは、「全アイドルの中で一番マーキュリーっぽいのは誰か」などとセーラー戦士的アイドルのドリームチームを作るのではなく、実在のグループ内のメンバーで当てはめていきます。セーラー戦士同士の関係性に着目して考えるところがポイントです。アイドルもセーラームーンも、個々のキャラクターだけでなく、仲間同士の関係性や、それによる化学反応が重要ですもんね。

まずは、前提になっているセーラームーンのキャラクターの説明からしていきましょうか。

**大森靖子**
1987年生まれ。シンガー・ソングライター。2013年、1stアルバム『魔法が使えないなら死にたい』をリリース。モーニング娘。の道重さゆみ好きとして知られるほか、アイドルとの対バンも多く、アップアップガールズ（仮）『（仮）は返すぜ☆be your soul』への作詞提供も行なっている。

**日笠麗奈**
1988年生まれ。モデル兼KSDD。雑誌「ニコラ」のモデルとしてデビュー。2009年、モーニング娘。をきっかけにアイドルにハマり、ドルヲタ活動に邁進。そのドルヲタっぷりを活かし、テレ朝動画『DD.ディスティネーション』などに出演。オフショットと「ダンスのフォーメーションでむちゃくちゃな移動をさせられてる子」が好き。

**児玉雨子**
1993年生まれ。作家・作詞家。静岡朝日テレビ「ピンクス」「コピンクス!」の楽曲へ提供した作詞で話題に。夢みるアドレセンス『キャンディちゃん』やキャラメル☆リボン『スタートリボン』など、アイドルグループへの作詞提供も行なっている。

セーラー戦士は基本内部5戦士で、登場順に、ムーン、マーキュリー、マーズ、ジュピター、ヴィーナス。そこに、妹分的なちびうさ（ちびムーン）と、さらに外部4戦士のウラヌス、ネプチューン、プルート、サターンがいます。

まず、セーラームーンの月野うさぎ。この子が主人公です。弱虫で甘えん坊などこにでもいる普通の中学2年生。前世はプリンセスなんですが、最初は「え〜ん、戦いたくないよ〜」となってしまう子です。

額に三日月があってしゃべる不思議な黒猫・ルナにある日、「うさぎちゃんは選ばれた戦士なの。うさぎちゃんには使命があるのよ。仲間をあつめて敵を倒すの！」と言われて物語が始まっていくんですね。

次にセーラーマーキュリーの水野亜美ちゃん。亜美ちゃんはIQ300の天才少女で周りからとっつきにくそうと思われていたけど、実は心がすごく優しい子で、そんなところにいち早く気付き声をかけたのがうさぎ。他のセーラー戦士は強い子が多くて、雷や火を使って戦うんですが、亜美ちゃんは水なので、必殺技も「シャボンスプレー」とか水蒸気など優しい技です。アニメではそういうところにコンプレックスを抱いている描写なども出てきたりしますが、頭脳明晰なので戦士たちのブレーンでもあります。秀才キャラで、ときどきメガネをかけたりもするんだけど、ショートヘアなのが新しかったよね。それまでショートというと元気っ子のイメージだったと思うんだけど、亜美ちゃんがショートキャラの概念を変えたと言ってもいいんじゃないかな。

**児玉▼**そう！　秀才キャラというと黒髪ロングで三つ編みで、となりがちですけど、青髪ショート！　最高！

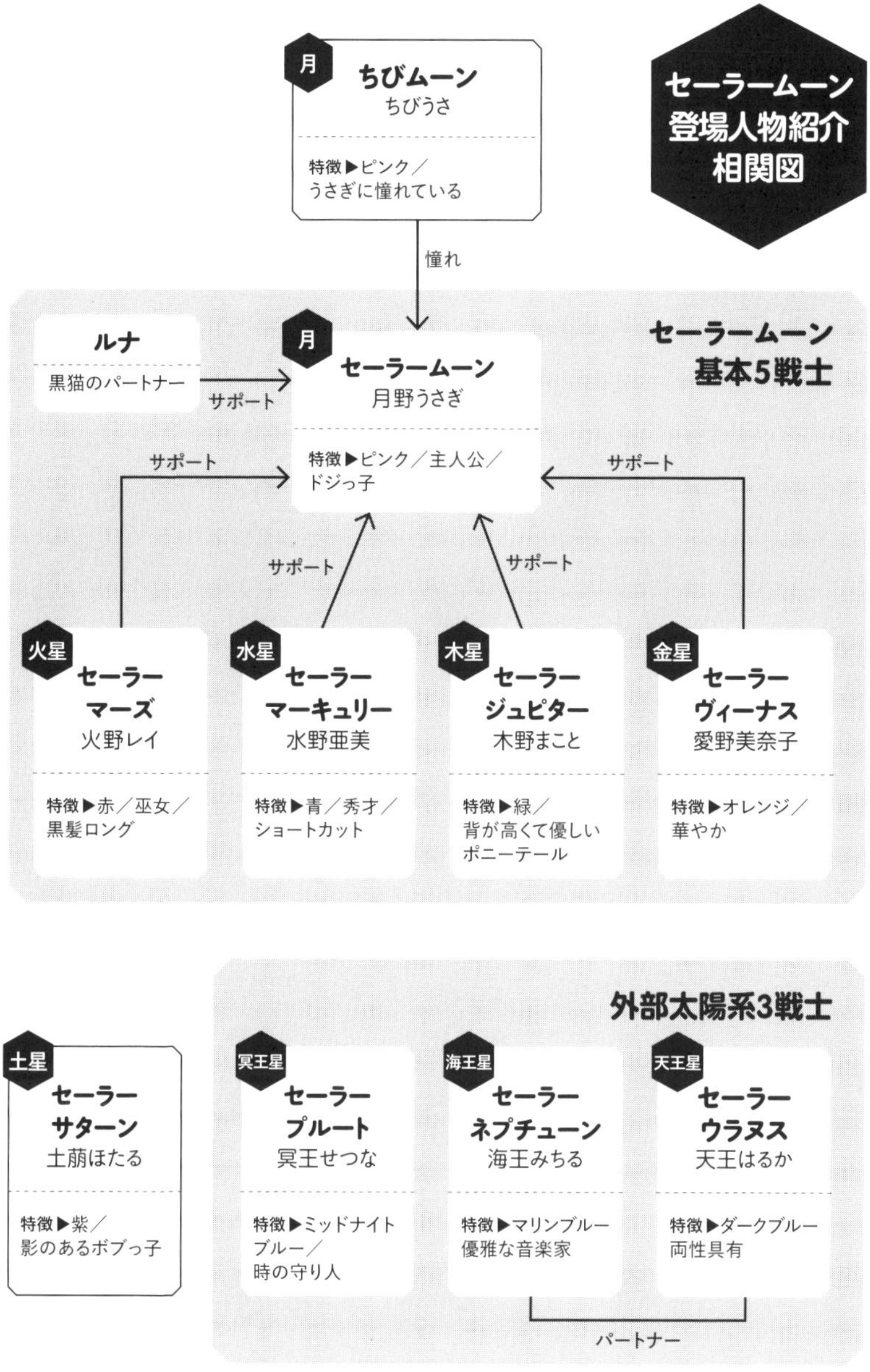
セーラームーン登場人物紹介相関図
月
ちびムーン
ちびうさ
特徴▶ピンク／うさぎに憧れている
憧れ
セーラームーン基本5戦士
ルナ
黒猫のパートナー
サポート
月
セーラームーン
月野うさぎ
特徴▶ピンク／主人公／ドジっ子
サポート
サポート
サポート
サポート
火星
セーラーマーズ
火野レイ
特徴▶赤／巫女／黒髪ロング
水星
セーラーマーキュリー
水野亜美
特徴▶青／秀才／ショートカット
木星
セーラージュピター
木野まこと
特徴▶緑／背が高くて優しいポニーテール
金星
セーラーヴィーナス
愛野美奈子
特徴▶オレンジ／華やか
外部太陽系3戦士
土星
セーラーサターン
土萠ほたる
特徴▶紫／影のあるボブっ子
冥王星
セーラープルート
冥王せつな
特徴▶ミッドナイトブルー／時の守り人
海王星
セーラーネプチューン
海王みちる
特徴▶マリンブルー優雅な音楽家
天王星
セーラーウラヌス
天王はるか
特徴▶ダークブルー両性具有
パートナー

**竹中▼**次はセーラーマーズの火野レイちゃん。お家は神社で、巫女さんです。レイちゃんは原作版とアニメ版の性格が一番違う子で、原作はクールなお嬢さまキャラで、語尾も「～ですわ」みたいな高飛車なしゃべり方なんですが、アニメだと「ちょっとぉ～！　うさぎぃ～!!」というちょっぴり怒りん坊で元気なタイプ。普段一番うさぎに厳しいんだけど、最後の最後ではいつもうさぎを助けるのもレイちゃんです。普段は厳しいのに最後は味方というのが、ズルいよね～。うさぎもうさぎで、普段は亜美ちゃんのような優しい子に「助けて～」と甘えるくせに、最後はレイちゃんが手を差し伸べてくれると信用している、という関係性が最高です。

次はセーラージュピターの木野まことちゃん。背が一番高くて男勝りだけど、実はすごく乙女。気の優しい力持ちといったキャラで、お花を育てるとか料理といった女の子らしい趣味も持っています。ギャップ、という感覚は、私は最初にまこちゃんで覚えた。

**児玉▼**まこちゃんは連載前の初期設定では不良少女だったんですよ。でも、連載するにあたって、「高身長怪力少女なのに乙女趣味」というギャップ萌えな設定に、変わったんですよね。それから、レイちゃん以外の初期戦士は同じ中学校に通っているんですけど、まこちゃんだけは背が大きくて制服のサイズがないから、うさぎたちと違うものを着てるんですよね（原作設定）。そこもキュンとするポイントです。

**竹中▼**小さい頃は美奈子ちゃんとか華やかなキャラに惹かれてたんだけど、大人になってからまこちゃんの良さがわかった。まこちゃんには母性がある。

内部戦士5人目はセーラーヴィーナスの愛野美奈子ちゃん。この子は華やかで、当時私の周りではうさぎより人気も高くて、目を引く子なんですけど、この子が主役ではないというのがポイントだと思う。美奈子ちゃんはアイドルになるのが夢で、実際アイドル性も高いから、センターにいてもおかしくないいんだけど、うさぎが主人公だからこそ生まれる成長物語があるんだと思う。美奈子ちゃんはセーラー戦士のリーダーで、セーラームーンより先に戦士として目覚め、ひとりで戦っていた時期もある反面、普段は脳天気。キャラクター的にはうさぎに近いところもあるけど、自信を失いやすいうさぎに比べてポジティブ。外見的にも髪色など似ている部分もあって、実際プリンセスであるうさぎの影武者だったという設定もあります。

次はセーラーちびムーンのちびうさ。登場したときは3頭身くらいの小さな女の子で、実は未来から来たうさぎの子供なんだけど、全然戦士として覚醒せず、「本当にセーラームーンの子供なの？」って未来ではいじめられて居場所がなくてコンプレックスの塊みたいな子です。だからうさぎにすごくつっかかるし、生意気なことばかり言うけど、本当はセーラームーンのことを認めてて、誰より憧れているんです。でも素直じゃないから言えない。心の底では、うさぎのことが大好きと思っているのがちびうさです。

次は外部4戦士。まずはウラヌスの天王はるかと、ネプチューンの海王みちる。ここはちょっと秘密の花園っぽい雰囲気あるので、この中でおそらく一番詳しい雨ちゃんに解説してもらいましょう。

**児玉**▼まず、このセーラーウラヌスのはるかちゃん、名前も中性的ですけど、原作とアニメでは性別の設定が違うんです。アニメでは女の子で、男装の麗人という設定ですが、原作では両性具有で、性という概念を飛び越えた存在です。うさぎが最初に会ったときも、男の子だと思ってちょっとドキドキ……と思ったら、セーラー戦士でビックリ！　という展開でした。

**竹中**▼ウラヌスとネプチューンは、恋人のような関係だよね。セーラーネプチューンの海王みちるは本当にお嬢様という感じで、美しいヴァイオリニスト。

**大森**▼高校生だけどホールコンサートをやるくらい活躍していて、音楽で生計を立ててるんですよね。

**竹中**▼次はセーラーサターンの土萌ほたるちゃん。ちょっと橋本愛ちゃんみたいな、影のあるボブっ子。

**大森**▼これは私の推しメンなんですけど、作中ではほとんど登場しないんですよね。

**竹中**▼サターンが覚醒してしまうと地球の歴史が終わってしまうので、覚醒させてはいけないというのが基本にあるからね。

**児玉**▼他の戦士の武器がかわいさがあるスティックやロッド、ブローチなのに対し、彼女は鎌《かま》を持っているのもポイントです。

**竹中**▼最後がプルートの冥王せつな。彼女は時空の扉を守る番人で存在を知ることすら許されていない、とても孤独な戦士です。

**大森**▼でも、いいときにいいこと言ってくれるんですよね。

**竹中**▼内部戦士の5人は「みんなで戦う」「みんなでセーラームーンを守る」という仲間意識が強いのに対し、外部4戦士は使命が違うため、交わらない、孤独な戦士たちです。

## アップアップガールズ（仮）で妄想キャスティング！

**竹中**▼以上の基本情報を踏まえて、実在のアイドルグループでキャスティング会議をしていきましょう。まず最初は私の教え子でもあるアップアップガールズ（仮）（以下、アプガ）から。

　まず私のキャスティング案から発表すると、うさぎはみぃこちゃん（仙石みなみ）です。ドジっ子、ヒロイン的で、みんなを引っ張っていくのではなく、みんなに護られているのが似合う。それから、他のメンバーがなんだかんだ「この子がセンター」と認めているところがあるので、中心にいると全体の空気がいいんです。

　マーズはあやのちゃん（佐藤綾乃）にしました。自分に厳しくてストイック。みぃこちゃんに注意する姿とか、なんだかんだ言っても最後は優しいところが、レイちゃんとうさぎの関係っぽいですね。みぃこちゃんも、あやのちゃんにいろいろ言われても聞いてるんだか聞いてないんだかという感じなんだけど、そういうところが余計に。

　次はちょっとイレギュラーでもりさきちゃん（森咲樹）とあかりちゃん（佐保明梨）なんですけど、これはマーキュリーとジュピターが混ざっている感じで、変身時と、普段のキャラの組み合わせを入れ替えるとちょうどいい。アイドルだとパフォーマンスとMCのときでキャラが変わる子は結構いて、あかりちゃんはライブ中は真っ直ぐで強く、スーパータフなパフォーマンスなんですけど、普段はふにゃふにゃ話して女の子。でもダンスの覚えとかステージングの記憶力など抜群で他のメンバーから一目置かれてる。天才肌なんです。なので、あかりちゃんのパフォーマンス時はセーラージュピター、変身していないときは、水星の亜美ちゃんに近いかな、と。

　一方でもりさきちゃんはマーキュリーと通じるものがあって、アツいメンバーが多い中、ちょっと俯瞰で見ている感じも共通しています。ただ普段はちょっといじられキャラなので、まこちゃん

（木野まこと）の方に近いかな、と。

せっきー（関根梓）は完全にヴィーナス。ヘタをするとセンターよりも目立って華があるというのが、典型がまさにせっきーかな、と。ただ、センターにするにはなんでも出来すぎるんですね。天才的な秀才で、歌もできるしダンスの覚えも早くて上手いし、小悪魔で天性の「愛され方」を持ち合わせたこの子を、あえてセンターに置かないことで、「センター以外でこんな子がいるんだ。このグループすごいな」となる存在です。色もオレンジで一緒です。

ちびうさはまぁなちゃん（新井愛瞳）。ちびうさは周りから半人前扱いされているコンプレックスがあるんですけど、まぁなちゃんも似たところがある。アプガはほとんどのメンバーが6年間ハロプロエッグをやってきて、スキルが高いのに対して、まぁなちゃんも6年間エッグにはいたけれど、

## アップアップガールズ（仮）の妄想キャスティング案

| | セーラーヴィーナス | セーラーマーズ | セーラーマーキュリー | セーラームーン |
|---|---|---|---|---|
| 竹中夏海案 |  関根梓 |  佐藤綾乃 |  森咲樹（水野亜美＝佐保明梨） |  仙石みなみ |
| 日笠麗奈案 |  関根梓 |  古川小夏 |  森咲樹 |  仙石みなみ |
| 大森靖子案 |  佐保明梨 |  佐保明梨 |  佐保明梨 |  佐保明梨 |

1年生から6年生までの期間だったので、まだまだ発展途上。逆にいうと伸びしろがあって、アプガの中でスキル的な成長物語が見れるのは、まぁなちゃんがいるからとも言えます。

それから、まぁなちゃんとみぃこちゃんの関係が、ちびうさとムーンの関係に似てるんですよねぇ。すぐ突っかかるし、強気で行くけど、みぃこちゃんの偉大さもよくわかっているから、精神的に頼りにもしてるんです。

最後になっちゃん（古川小夏）は、うさぎの一番の理解者という意味でルナにしました。真ん中に立ちたい、前に出たい、という気持ちはおそらく強い子なんですけど、みぃこちゃんのことは認めている。女の子同士だし、普通に考えたら「私のほうが振り覚えも早いのに、なんであの子がセンターなのよ！」とか言いそうなのに、そういうのが案外全然ないのは、真ん中にいるのがみぃこ

| ルナ | ちびうさ | セーラージュピター |
| --- | --- | --- |
|  古川小夏 |  新井愛瞳 |  佐保明梨（木野まこと＝森咲樹） |
|  佐藤綾乃 |  新井愛瞳 |  佐保明梨 |
|  佐保明梨 |  佐保明梨 |  佐保明梨 |

ちゃんだからだろうなぁ、と。みぃこちゃんてド天然で、レッスン中もメンバーにイライラされたりしてるんですが（笑）、みぃこちゃんがみんなから怒られてると、こなっちゃんが自然にかばうんですよね。そういうところもルナっぽいな、と。

**大森▼**確かに、こなっちゃんがいることによる安心感は半端ないですよね。私がアプガとコラボして同じステージに立ったときも、なにかあってもこなっちゃんがどうにかしてくれるって思った。

**日笠▼**私もアプガに関しては夏海の意見とほぼ一緒で、「わかるわ〜」という感じですね。グループの中の最年少（まぁなちゃん）は「大人になりたい」と思うところがあるから、必然的にちびうさになっちゃうところがあるのかも。

**竹中▼**というわけで私とれいにゃん（日笠麗奈）はアプガに関しては近い認識だったんですが、大森さんのアプガちゃんキャスティングはちょっと違うんですよね（笑）？

**大森▼**私は、セーラー戦士を全部佐保ちゃんにしました。こいつはなんでもできる天才なので、全部のキャラの特性を持ってるんです。

**竹中▼**あかりちゃんは努力を努力と思ってないところがすごいですよね。

**大森▼**そう。インタビューか何かで、アプガのメンバーが自分のコンプレックスを順番に言うときがあったんですけど、佐保ちゃんはコンプレックスが思いつかなくて10分くらい悩んで、それにせっきーとかもりてぃ（森咲樹）が「コンプレックスないわけないじゃん!?」とキレるっていう（笑）。

私がアプガちゃんに作詞提供した『（仮）は返すぜ☆be your soul』の中の「今度は何を壊そっかな？」という歌詞は、さほちゃんのブログから引用して書いたんですけど、実際会ったときに「何壊したい？」って聞いたら「都庁」って言ってました。目標がデカイですよね（笑）。

## 夢みるアドレセンスで妄想キャスティング

**竹中▼**次も私の教え子なんですが、雨ちゃんに歌詞を書いてもらっている夢みるアドレセンス（夢アド）で妄想キャスティングをしてみたいと思います。まずは雨ちゃんから。

**児玉▼**今回キャスティングを考えるとき、セーラームーンとヴィーナスをどうするかで悩んだグループが多かったんですけど、夢アドのセーラームーンは荻野可鈴にしました。この子はグループのリーダーで、めちゃくちゃかわいくて声もアニメ声なんですすけど、トークがすごく面白い子です。

**竹中▼**夢アドがちょっと難しいのは、赤の荻野可鈴と黄色の志田友美がダブルセンターに近い形なんだよね。アプガのときに、佐保明梨が天才で関根梓が天才的な秀才と言いましたが、夢アドの2人はまた別のベクトルの天才です。

**児玉▼**この子は、小柄でかわいい顔して、今年19歳なんですよね。そして私は歳が近いから言えるんですけど、18、19にしてはまだまだあどけなさも残っていて。元々才能溢れる子なので、精神的に成熟したらきっと今以上にすごいやつに化けるだろうと思っています。

**竹中▼**そう。ダンス経験はないけど、振り覚えは私の教え子の中でも1、2を争うくらい早いし、なんでもできる。

**児玉▼**セーラームーンって、作中に何度も進化するんです。スーパーセーラームーン、クリスタルセーラームーン、プリンセス・セレニティ、セーラーコスモス、エターナルセーラームーンとか。

セーラームーンの成長はちびうさの成長とは違

い、どんどん無敵になっていく感じがあって、それが荻野可鈴っぽいです。ちょっと子供っぽくて「大丈夫かな?」と思わせつつ、いざ戦うときは頼れるところもそうですね。

それに対するヴィーナスは志田友美です。『仮面ライダー鎧武』のヒロイン役で有名な子で、歌がうまい。仮面ライダーの仕事を通して、精神面もすごく強くなっていたのが、既に一段階進化してる感じがあって、最初から完成形のヴィーナスに通じる。

あと、雑誌「ポップティーン」の専属モデルもやっている、今どきのオシャレさん。キラキラしたのが大好きなところも美奈子ちゃんですね。

次のマーズは、レイちゃんとたまたま名前も同じ、小林玲ちゃん。

**竹中▼**この子は、ともかくいい子。素朴で謙虚なところがアプガの佐保ちゃんに近いけど、天才じゃ

## 夢みるアドレセンス妄想キャスティング案

| | セーラーヴィーナス | セーラーマーズ | セーラーマーキュリー | セーラームーン |
|---|---|---|---|---|
| 児玉雨子案 |  志田友美 |  小林玲 | |  荻野可鈴 |
| 竹中夏海案 |  荻野可鈴  志田友美 |  小林玲 |  小林玲（マーキュリーというより水野亜美） |  荻野可鈴  志田友美 |
| 日笠麗奈案 |  荻野可鈴  小林玲  志田友美  山田朱莉 | | | |

ない佐保明梨という感じで、ものすごい努力家。見た目はクールビューティな美人さんだけど実はすごく不器用な子で、振り覚えも遅いし他のことも不器用なんだけど、絶対に次のレッスンの時までに自分でクリアしてくる。

佐保ちゃんは努力もするし、天才肌。玲ちゃんはできないところから努力でできるところまで持っていくという違いはあるけれど、努力を努力と思ってないところは一緒です。「努力してエラいね」と言われても、それが普通だと思ってるから自分では偉いとは思ってないタイプですね。

**児玉**▼あと玲ちゃんは演じることができて、いい意味で自分を没個性できる子。曲の雰囲気に合わせられるから、かわいい曲はかわいく歌うし、クールな曲ではかっこよく歌える。そして真面目で努力家。だから原作のマーズに合ってますね。夢アドはギャーギャー騒ぐ子が多いんですけど、玲ちゃんはちょっとクールなところも火野レイですね。

ジュピターは、デカくて気がいいやつという意味で山田朱莉です。見た目は「ザ・モデル」で引いちゃうくらい綺麗なんだけど、関西弁で、明るくて、バカで（笑）、Twitterもひらがなばっかり。

**竹中**▼友ちゃんがスケールのデカいハリウッドバカ

| ちびうさ | セーラージュピター | |
|---|---|---|
|  京佳 |  山田朱莉 | |
|  京佳（ちびうさというよりちびムーン） |  山田朱莉（ジュピターというより木野まこと） | |
|  京佳 | | |

だとしたら、朱莉ちゃんはスケールの小さい町内バカですね。クラスに一人は欲しいバカで、癒される。

**児玉▼**荻野と山田が仲良いのも、うさぎちゃんとまこちゃんが仲良いのとピッタリだな、と。

　最後は京佳で、ちびうさ。これは単純に年齢だけじゃなくて、夢アドの京佳以外のメンバーはみんな「ピチレモン」のモデルさん出身なんですけど、彼女だけ違うんです。みんながモデルをやってる中、私だけやってないというコンプレックスが、もしかしたらあるのではないか?と。ちびうさは作中で「闇落ち」をしちゃって、1回セーラームーンの敵になるんですよね。京佳はそういうことは絶対ないんですけど、他4人より思春期独特の不安定さを、自分は感じます。

　あと、彼女はメンバーの中で1人だけ音域が低いんです。だから、『キャンディちゃん』とかかわいい曲は合わないんですけど、『マワルセカイ』のようなかっこいい曲だとすごくよくなるので、可能性を感じますね。

**竹中▼**自分の可能性にまだ追いついてない感じもちびうさっぽい。

**児玉▼**作曲家さんやディレクターさんは、「京佳の声、かっこいいよね」と言いますね。彼女をメインにした曲を作りたがっている人は多いです。

**竹中▼**まぁなちゃんにしてもそうですけど、最年少の子が未知数だと、グループは面白くなるの、アイドルの鉄則かも。

## セーラームーンっぽくないアイドルグループとは

**竹中▼**私が担当しているグループには、ここまでキャスティングしてきたアプガと夢アドの他に、一番長くやっているPASSPO☆がありますが、PASSPO☆はセーラームーンに当てはまらないいんですよね。

なぜ当てはまらないのかと考えてみたら、そもそもアイドルグループには、セーラームーン的なグループと、そうじゃないグループがあるなと思って。違いは、守るべきヒロイン的存在がいるかどうか。アプガのみぃこちゃんや夢アドの可鈴ちゃん友ちゃんのようなセンターがヒロインとしていると、それを中心に人間関係もできてセーラームーン的になるんですけど、PASSPO☆は特にセンターがないんですね。前列にいる4人がいわゆるアイドルファン人気の高いメンバーで、後列の5人は、アイドルアイドルしていない子なんですけど、PASSPO☆というグループ全体の空気感を作っているのは後列の5人だったりする。こういうタイプのグループは、セーラームーン的ではないのでキャスティングしづらい。

じゃあPASSPO☆は何に似ているかなというと、『こんなこいるかな』という教育テレビでやっていたアニメです。「こわがりや」「いたずらっこ」「わすれんぼう」「くいしんぼう」「ちらかしや」という子供のダメなところを具体化したようなキャラが出てくるんですけど、まさにPASSPO☆で。

あとPASSPO☆はマンガの「ROOKIES」っぽいとも言われていて、ダメなやつらが野球という一つのものを通して成長していくという意味で似てるところがありますね。

**日笠▼**PASSPO☆は「なかよし」じゃなくて「少年ジャンプ」っぽいということですね。エビ中やチームしゃちほこの子たちも、そんなところがあります。

**竹中▼**ハロプロでいうとBerryz工房がこのタイプで、ミスiDプロデューサーの小林司さんは「アイドル界のアベンジャーズ」と言ってましたけど、「全員飛び道具」のようなグループも、セーラームーン的ではないですね。

## モーニング娘。で考える妄想キャスティング

**竹中**▼次はモーニング娘。でいってみましょうか。私とれーにゃんは'14で考えたんですけど、結構難しかったよね。私は、みんなをちょっと遠いところから見守っているという意味で、さゆ（道重さゆみ）をセレニティにしました。

**日笠**▼私はアイドル性が似ているという意味で、さゆはヴィーナスにしたんですけど、さゆは娘。で唯一全ての時代を見てきている人なので、その意味では、時空の鍵を持っているプルートっぽさもあるんですよね。

**竹中**▼とかいろいろ考えて、でもうまく合わない子もいるよなーとれーにゃんと話していたら、大森さんが'14だけじゃなく、歴代の娘で考えてきてくれて。そうなると話が変わってくるんですよ！

**大森**▼とりあえず私なので、主役は大好きなさゆにしてるんですよ。そうすると、一番気が許せて補佐的な頭のいいやつがマーキュリーとして、飯窪春菜。

マーズはけっこういろんな子が行けると思ったんですけど、さゆが鞘師（里保）のことを好きなので、赤と黒髪ということもあって、鞘師。ツンデレっぽいところもあるし。

そしてジュピターがふくちゃん（譜久村聖）。ふくちゃんに対して、さゆは何かあるんですよ。共通項を感じているのか、ちょっとした距離感がある。そのことでさゆが面白くなってくるところがあるので、ふくちゃんが欲しい。

ヴィーナスは、さゆが自分より目立って文句が

なくて、すごくアイドル性の高い人という意味で、藤本美貴ちゃん。
あと、ここが本当に完璧なんですけど、ウラヌスとネプチューンはどうみてもよっすぃ～（吉澤ひとみ）と梨華ちゃん（石川梨華）なんですよ。

**竹中**▼これは完璧！

**日笠**▼はやく実写化したいよね！　これは全芸能界で見ても一番この2人が合ってるはず。

**大森**▼ちなみにちびうさは、加護ちゃん（加護亜依）にしました。

**竹中**▼この方法は自分でも考えてみたらよかったな～。

**大森**▼セーラームーンって、アイドルをやってる子だったら、わりと当てはめやすいんですよね。だから誰を軸に考えるかですね。

**竹中**▼セーラームーンは関係性が重要ですからね。誰をセーラームーンにするかという軸が決まると

## 歴代モーニング娘。妄想キャスティング案

**大森靖子案**

|  |  |  |
|---|---|---|
| セーラームーン | 道重さゆみ |  |
| セーラーマーキュリー | 飯窪春菜 |  |
| セーラーマーズ | 鞘師里保 |  |
| セーラーヴィーナス | 藤本美貴 |  |
| セーラージュピター | 譜久村聖 |  |
| セーラーウラヌス | 吉澤ひとみ |  |
| セーラーネプチューン | 石川梨華 |  |
| ちびうさ | 加護亜依 |  |

考えていきやすいと思う。

## Juice=Juiceで考える妄想キャスティング

竹中▼同じくハロプロでは、Juice=Juiceも考えてきました。雨ちゃんからいきましょうか。

児玉▼まず、ムーンは宮崎由加ちゃんだと思いました。グループのリーダーですが、いわゆる一般的なイメージの「リーダー」とは違いちょっと頼りないんですよ。あと、Juice=Juiceは基本的にハロプロ研修生を中心に集めたユニットですが、宮崎由加ちゃんだけ研修生出身じゃなくて、ハロプロの農村プロジェクトから来てるんですよね。そうやってポーンと来てリーダーをやっているっていうのが、セーラームーン的ではないかと。

マーズはみんな同じだと思うんですけど、かなともさん（金澤朋子）です。マーズの決め台詞の「ハイヒールでお仕置きよ」とか言いそうだし、ギラギラした笑顔がすてき。

大森▼口角の上がり方とかいいよね。

竹中▼ゾクゾクするね。あと、レイちゃんはフォボスとディモスというカラスを飼ってるんですけど、かなともさんもカラス飼ってそう！

児玉▼かなともちゃんに関しては、「ここが似てる」とかじゃなくて、存在すべてが似てますね。

マーキュリーはけっこう割れてる気がしますけど、どうですかね。

竹中▼私はあーりー（植村あかり）にしました。

日笠▼私も一緒だわ。ほわーんとした感じが。

児玉▼私はブレーンというところに照準を合わせて、歌もうまくて、チームを支えて引っ張っていく高木紗友希ちゃんにしました。

竹中▼私はさゆべぇ（高木紗友希）は、パフォーマンス時の雰囲気でジュピターにしました。力強い、パワー型なので。

**日笠▼**私はセンターをさておき、目がいってしまうという意味で、高木紗友希ちゃんはヴィーナスにしたんですよ。割れたね。

**児玉▼**マーキュリーとジュピターはけっこう割れますね。私はジュピターは絶対（植村）あかりちゃんですね。まことちゃんの身長が高すぎて、うさぎたちと同じ制服を着れなくて一人だけ浮くっていうのが、あかりちゃんの衣装がいつもパンツスタイルっていうのと似てるんです。

**竹中▼**ちなみに（宮本）佳林ちゃんは？

**日笠▼**私はセーラームーンにしました。歌とダンス以外の普段の部分では頼れる感じではないけれど、歌が始まると誰がどう見てもセンター。変身前と変身後のギャップも合わせて、セーラームーンですね。ドジっ子ではないけども。

**児玉▼**私は佳林ちゃんはヴィーナスにしました。ヴィーナスがセーラームーンたちが揃うまで「セーラーV」としてソロ活動をしていたように、宮本佳林はJuice=Juiceを組む前、コピンクという実質ソロで歌う仕事をしていたんです。そこのところと、うさぎちゃんは最初の頃、セーラームーン活動にちょっと乗り気じゃない雰囲気でしたが、佳林ちゃんは嫌だとかは絶対思ってなくて、超やる気があるから、ヴィーナスかな、と。超アイドルだし。本人が松田聖子さんが好きで、アイドルに憧れている美奈子・ヴィーナスですね。

**竹中▼**私は宮本佳林ちゃんは存在感と物腰だけで、サターンにしました。サターンは破滅の戦士で、儚いんですよ。

**大森▼**でもサイボーグなんですよ。サイボーグで病弱ってどういうことだよって感じですけど、まぁ佳林ちゃんですよね。

**竹中▼**佳林ちゃんは、夢アドの可鈴ちゃんや友ちゃんのような見るからにエースの子とはちょっと違って、圧倒的な存在感なのに儚い。普通は両立し得ない要素2つが同時にあるっていう意味で、サターンというか、ほたるちゃんなんですよね。

**児玉▼**サターンって、アニメ本編では変身シーンが出てこないんですよ。宮本佳林も、24時間アイドル「宮本佳林」感が印象的。緩急をつけるんじゃなくて、いつもスイッチが入っているというのもサターンっぽいですね。

**竹中▼**ダンスを見てても、動きがうるさいということとは全然ないのに、ずっと「急」なんですよね。「この子大丈夫かな？　倒れないかな？」って思う。今年のハロコンも、どの研究生よりも全力で踊っていて、「あの全力の子、誰!?」って思って見たら佳林ちゃんだった。身を削りながらパフォーマンスしてる感じがすごくする。

## Juice=Juice妄想キャスティング案

| | セーラームーン | セーラーマーキュリー | セーラーマーズ | セーラーヴィーナス |
|---|---|---|---|---|
| 児玉雨子案 |  宮崎由加 |  高木紗友希 |  金澤朋子 |  宮本佳林 |
| 竹中夏海案 |  宮崎由加 |  植村あかり |  金澤朋子 | |
| 日笠麗奈案 |  宮本佳林 |  植村あかり |  金澤朋子 |  高木紗友希 |

## 妄想キャスティングは無限に続く……

竹中▼というわけでここまで考えてきたんですが、まだまだいろいろなグループで、セーラームーン妄想キャスティングができると思います。

日笠▼全然時間が足りなかったね。

竹中▼今回のキャスティング会議の記事を読んでくれた人が、私たちが考えたのと同じグループでやってみたり、自分が好きなグループでキャスティング案を考えてみてくれたらうれしいね

この本の第1部でも書いたように（P027）、アイドルって戦う存在だから、セーラームーンに限らず、自分の好きな戦う女の子たちとアイドルを重ねて考えてみると、より楽しさが広がるんじゃないかと思います。

（この座談会は2014年3月26日に収録しました）

| セーラージュピター | セーラーサターン |
| --- | --- |
|  植村あかり | |
|  高木紗友希 |  宮本佳林 |
|  植村あかり | |

鼎談

# 男性から見たアイドルとセーラームーン

竹中夏海＋ヒャダイン＋小出祐介

アイドルとセーラームーンの関係は、
男性からはどう見えているのか!?
アイドルとセーラームーン、
どちらにも造詣の深い男子2人、
作詞・作曲家のヒャダインさん、
Base Ball Bearの小出恵介さんをお招きして、
男子から見た女の子カルチャーについて
お話を聞いてみました!!

**ヒャダイン**（写真中央）
1980年生まれ。作詞・作曲・編曲・プロデュース業。本名の前山田健一名義で、ももいろクローバー『行くぜっ!怪盗少女』やでんぱ組.inc『W・W・D』、竹中夏海振付の、虹のコンキスタドール『女の子むてき宣言!』、アナサー男子3人衆『俺たちの、「理不尽」』、@JAM ALLSTARS 2014『夢の砂〜a theme of @JAM 〜』など数多くの楽曲制作を行なう。2011年には歌手としてもメジャーデビューをし、活動を続けている。

**小出祐介**（写真左）
1984年生まれ。ロックバンド Base Ball Bearのボーカル・ギター担当。2002年にBase Ball Bearを結成し、以降バンド活動を続けながら、雑誌B・L・Tで「完全在宅主義」を連載するなど、アイドル好きとしても知られる。南波志帆や遠藤舞、東京女子流、アップアップガールズ（仮）などへの作詞・作曲も行なっている。

## 男子がセーラームーンにハマるきっかけ

**竹中夏海▼**この本を製作しようと思ったきっかけが、雑誌『ROLa』（新潮社）での、私とヒャダインさんとtofubeatsさんとの鼎談なんです。ヒャダインさんに「女性が女子アイドルを好きな感覚ってどういうものなんですか?」と尋ねられた時に「セーラームーンを好きな感覚と同じです」ってなんとなく答えて。そこからアイドルとセーラームーンの関係性を突き詰めて考えるようになりまして。

**ヒャダイン▼**それは光栄です。ただ、こいちゃん（小出氏）がセーラームーン好きなのは知らなかった!

**小出祐介▼**僕がやってるアイドルにまつわる連載に竹中さんがゲストの回があったんですけど、僕もその時にヒャダさんがセーラームーン好きだって知った（笑）。ちなみにヒャダさんって、セーラームーンをどんなふうに観ていました?

**ヒャダイン▼**僕は水野亜美の非力さや弱さに惚れてたの。必殺技もミストやシャボン玉だし（笑）、アニメ『美少女戦士セーラームーン』（以下、『無印』）の最終回で敵を倒す時も、命をかけて繰り出すのが、DSっぽい小型コンピューターの角で相手の弱点をガーンと殴る、まさかの物理攻撃（笑）。12〜13才ながらに、ゾクゾクしてました。

**竹中▼**あはははは。小出さんは、妹さんがきっかけなんですよね？

**小出▼**そうです。妹が観ている横で、変身シーンで、シルエットとはいえいちいち全裸になるのを「この時間に放送して大丈夫なのか？」ってドキドキしながら（笑）。別々の個性を持ったきれいな女の子たちが集団でがんばっている姿を毎週観られるから好きだったんですよ。

**竹中▼**しかも、あの布面積の少ないコスチュームでっていうのも重要じゃないですか？　本気の戦闘シーンなら、がっちり防御した人間が戦う作品を観ればいいわけで。でも、あの子たちが変身して、あの格好で戦うところまでがセーラームーンの魅力。それで言うと、完璧な歌やダンスを求めるならその道のプロのパフォーマンスを見ればいいけど、最初は普通の女の子だったはずのアイドルが、ステージで輝いていく姿が見たい。そこが、アイドルとセーラームーンの共通点なんじゃないかなって。

**小出▼**戦いの中で、自分がセーラー戦士であることに自覚的になっていく様も共通してますね。

**竹中▼**あと、グループに入るきっかけも、ほとんどの場合は自分の意思ではなくて。セーラー戦士も、前世で決まってることだからって突然ルナに指名されるし、一緒に戦う仲間も自分で選ぶというのとはちょっと違うし。

**ヒャダイン▼**たしかに、アイドルになりたいという気持ちは自発的でも、集められるきっかけは完全に大人の力によって、ですもんね。

**小出▼**事務所という名の神、マネージャーという名のルナがいて（笑）。

**竹中▼**ですね（笑）。はじめはまとまりがないけど、一緒にステージに立って戦うことによって、だんだんひとつになる感じとか。特に2010年代以降のグループアイドルがセーラームーンっぽいなって思うのは、ライバルではなく仲間意識が強いんですよね。いらない子はいない、どの子も全員必要という発想のところが。

**ヒャダイン▼**その通り！　アイドルは総合芸術ですからね！

## アイドルの物語性

**竹中▼**古今東西のヒーロー物の三大原則に、「不思議な出生」、「怪物退治」、「財宝獲得」というセオリーがあるそうなんです。セーラームーンも、前世という不思議な縁で集められた子たちが、敵を倒して、幻の銀水晶を探していく。アイドルも、運命的に集められた子たち（「不思議な出生」）が、周りの大人なのか、越えるべき目標なのか、数々の苦難を乗り越えて（「怪物退治」）、ファンを増やしたり、大きなステージに立ったり（「財宝獲得」）。たとえばでんぱ組.incに当てはめると、退治すべき怪物は過去の自分なのかもしれないし、アップアップガールズ（仮）にとっての怪物は、かつて自分たちを解雇したハロプロ、というふうに想像をかきたてられる。

**ヒャダイン▼**そのストーリーに、人々は惹かれていくんですね。

**竹中▼**私は、推す＝感情移入だと思っているんですけど、女の子はヒーローであるセーラームーンに自分を重ねて、託すんです。だから、女の子たちは自分の代わりに戦ってくれる、きれいなお姉たちさんに夢中になった。セーラームーンは女の子だけど、ヒロインであると同時にヒーローなんですよね。同様に、アイドルも自分を託すような感情をかき立ててくれるから、同性も惹かれるんじゃないかなって。男性にはそういう感覚はないですか？

**ヒャダイン▼**それはないかなあ。一般的な男性オタの心理としては、戦いをバックアップしたい気持ちが強い。だから、セーラームーンって変身した後もめちゃくちゃ強いわけじゃない。それは、応援するスキを作ってくれてるんですよね。

**小出▼**ふと思ったけど、セーラームーンにおける戦闘シーンって曖昧ですよね。月野うさぎの必殺技「ムーン・ティアラ・アクション」も、別に体が八つ裂きになるわけではないし。

**竹中▼**血の描写はないし、死んでもすぐ転生するし（笑）。敵の描き方や戦闘シーンって、他のヒーロー物とは違いますか？

**小出▼**「ムーン・ヒーリング・エスカレーション」も敵を癒して浄化するけど、そういう概念は他ではあまり見ないかも。そう考えると、あの時代にヒーリングっていう言い方はかなり早いですよね。

**ヒャダイン▼**癒し系っていう言葉が出てくるのはもっと後だしね。悪を潰すのでなく、悪を善に浄化する。敵もなんとなく人間味を持っていることが多いし。

**小出▼**例えば仮面ライダーだったら、最後にライダーキックで怪人を倒すっていう勧善懲悪のスッキリ感があるけど、セーラームーンでは必ずしも求められてないのかも。

**竹中▼**男性的には物足りなくなかったですか？

**小出▼**でも必殺技のシーケンスは、充分それに値するものでしたよ。

**ヒャダイン▼**しかも戦闘が終わったら、ちゃんと日常パートがある。元通りの生活が映し出されるから、

ドラマ性も感じられました。

## セーラームーンの中の男子

**ヒャダイン▼**この作品の大きな特徴として、男性の描き方がひどくポンコツですよね。ヒーローであるはずのタキシード仮面も、あまり役に立たないし（笑）。

**竹中▼**母性をくすぐる感じの男性キャラが多いですね。

**ヒャダイン▼**かっこいい男の子が、いざというときに助けてくれるという少女マンガのセオリーからは少し外れていますよね。セーラームーンにはキラキラな男の子描写が極端に少ない気が。

**竹中▼**ですね。ファンの間でも名シーンとの呼び声高いのが、うさぎがまもちゃん（地場衛）にキスして戦地に向かう場面。それも本来なら逆じゃないですか。ちびうさが

## セーラームーンは修行じゃなくて変身で強くなる

恋する、ペガサスに姿を変えられてしまった男の子も、ルナが恋する宇宙飛行士に憧れる男の子も、捕われていたり、病気だったりで、女の子が守る立場にいる。

**ヒャダイン▼**それに、性差が曖昧な感じも独特でしたね。セーラーウラヌスやセーラースターライツの描き方とか。

**小出▼**ウラヌスのキャラや、ウラヌスとネプチューンの百合っぽい関係性とか、僕はちょっと腰が引けてしまう感じがありました。

**竹中▼**あれ、でも小出さんはウラヌスが一番好きだったと……。

**小出▼**セーラームーンのゲームがスーパーファミコンで何個かあって。僕のやってたゲームではウラヌスがクッソ強かったんです。だから好きだった（笑）。

**ヒャダイン▼**わかるわかる（笑）。あとおもしろかったのが、ゲーム内で亜美ちゃんがプロレス技のDDTを繰り出すんですよ。それどこで習ったのよ？ って（笑）。

**竹中▼**へえー！ そういう楽しみ方もあったんですね。セーラームーン男子ならでは、という意見で新鮮です！

## ちびうさはかわいそう？

**竹中▼**ところで、お2人にとってちびうさってどんな存在でした？

**小出▼**視聴者の女の子が自己投影するアイコンなのかなとは思ってたけど、正直うざいなーって。

**竹中▼**実は私もうざかったんですね。なぜかというと、ジェラシーの対象だったから。もちろん自己投影できる子もいたと思うけど、いつか自分も入れるかもって憧れてたお姉さんたちだけの世界に、同年代の子がポンっと入ってきちゃったから、悔しいしうらやましいし。ちびうさ、コノヤロー！って。

**小出▼**アイドルでいうと、新メンバーみたいな感じなんですかね。

**竹中▼**そうかもしれません。ちびうさは嫉妬の対象だったけど、お姉さんたちに追い付けず焦る気持ちには共感する部分もあって、いつのまにか感情移入してましたし。現在の私にとってアイドルは愛《め》でる対象ですけど、今の10代の女の子には、同世代のアイドルがどういうふうに見えているのかなあ。

**小出▼**気になるところではありますね。それにしても、ちびうさのキャラ設定はもどかしかったですね。同年代の子にとってはひどくノイズだったろうし。

**ヒャダイン▼**嫉妬したり、ワガママ言ったり、駄々こねたり。他の5人には描かれなかった女の子のじとーっとした面を、最年少のちびうさが全て背負わされていたのかもしれないですね。

## 男から見たキャラの魅力

**ヒャダイン▼**竹中さん、セーラーサターンにはどういう感情を抱いてました？

**竹中▼**サターンは年齢がちびうさとうさぎの中間くらいだったので、ちびうさよりも受け入れやすかったですね。

**小出▼**サターンも人気あったんだよなあ。僕も好きだったし。

**竹中▼**黒髪ボブの感じとか、橋本愛ちゃんっぽいですよね。

**ヒャダイン▼**たしかに！　ヤンデレの先取り感（笑）。あの子の出現により、男子オタの間では水野亜美と土萌ほたるの2強時代に突入した感覚が。女の子の間では誰が人気だったんでしょうか？

**小出▼**うちの妹は木野まことだったなあ。

**竹中▼**でんぱ組のねむきゅん（夢眠ねむ）も、まこ

## アイドルは女の子の変身願望を満たしてくれる

ちゃんと亜美ちゃんが好きだって言ってましたね。でも、私の周りはダントツで愛野美奈子！

**小出**▼自分に自信のある感じが魅力的だったとか？

**竹中**▼みんなより先に戦士として目覚めてる特別感もあったし、名前も月野、水野、火野、木野って来たから、次は金野かなって思ったら、愛野！「なにそれ、かわいすぎるー」って。ヴィーナスや、愛の戦士っていう響きも女の子のツボをぐいぐい押しまくりでした（笑）。今のグループアイドルでも、美奈子ポジションの子って絶対にいますよね。人気も、華やかさも、下手したらビジュアルもセンターより目を引くけど、その子を真ん中にしちゃうとグループ全体の成長物語がぼやけてくるから、あえて端に置かれる。

**ヒャダイン**▼センターを凌駕してしまう存在、いわゆるエースですね。そう考えると、戦士の人気は男女間で全く違うんですね

**竹中**▼亜美ちゃんやほたるちゃんがそこまで人気だったとは、当時は想像もしませんでした。

ヒャダイン▼結局、男性は守ってあげたいキャラが好きなんですよ。

竹中▼母性っていう意味では、女性ファンにも守ってあげたいという気持ちはあるけど、違う意味ですもんね。たしかにまこちゃんや美奈子って、男の子が惹かれるポイントが少ないのかも。

小出▼ですね。それに、水野亜美は偉大な存在なんですよ！　庵野秀明監督がセーラームーンに、そして水野亜美にはまらなければ、エヴァンゲリオンの綾波レイは生まれなかったんですから。

竹中▼亜美ちゃん以前は、ショート＝ボーイッシュで元気な女のコのイメージでしたもんね。ショートなのに、しっとり系で影があるキャラは珍しかった。

ヒャダイン▼困り眉で、決めポーズもひとり内股でね。そう考えると、火野レイはどこの層に人気だったんですかね？

竹中▼レイちゃんは、いつも「うさぎーっ！」って怒ってるんですけど、『無印』の最終回で最後まで生き残ってうさぎを守り抜く姿は、レイちゃんだからこそあんなにグッときたのかなって。

ヒャダイン▼ツンデレな魅力なんですね。まこちゃんは、女子校に1人はいそうなタイプに見えます。

竹中▼まこちゃんは男まさりなのに、内面は乙女っていうギャップが良かったんですよ。

小出▼ギャップ萌え！　そう考えると、ヤンデレ、ツンデレ、ギャップ萌え、百合要素もあるし、あらゆる萌えの要素が揃っていたのか。キャラ分けが完璧なんですね。

## 少年マンガでアイドルを例える

竹中▼セーラー戦士の関係性に萌えるという楽しみ方も、グループアイドル的だなって思うんですけど、以前小出さんに、関係性に注目するのは女子ファンならではの視点かもっていう指摘を受けたんですよ。ヒャダインさんはどうですか？

**ヒャダイン**▼うーん、ASAYAN時代のモーニング娘。みたいなバチバチのやつなら別の意味で楽しめるけど（笑）、ほんわかな関係性はあまり掘り下げる気にはならないですね。

**小出**▼Berryz工房くらい一人ひとりのキャラが立ってたら気になるけどね。

**竹中**▼「セーラームーン妄想キャスティング会議」というイベントをやった時に、Berryz工房は全員それぞれ特殊能力を持ってる感じがアメコミの『アベンジャーズ』っぽいという結論に。そんなふうに考えていたら、当てはめやすいグループと、そうでないグループがあることに気づいたんです。センター感のある子がいると、その子の成長物語を中心にメンバーがキャラ分けされていて当てはめやすい。逆に、センターのいないグループはあまりセーラームーン感はないのかなって。

**ヒャダイン**▼月野うさぎというセンターは不可欠ですよね。

**竹中**▼しかも、それがちょっとダメな子じゃないとはまらないんですよ。そう考えると、アップアップガールズ（仮）ってわかりやすい。センターでリーダーのみーこちゃん（仙石みなみ）はダメダメなんだけど、誰もがセンターだって認めてるんです。でもPASSPO☆は、センターがいないし、いわゆる人気上位の前列でない、輩《やから》のような後列のメンバーが商業高校のような、PASSPO☆ならではの空気を作っているからセーラームーンではなくマンガの『ROOKIES』っぽい。つまり、グループ全体の空気を作ってる子がセンターや前列にいるかいないかの差も大きい。

**ヒャダイン**▼なるほど（笑）。僕ならでんぱ組.incとか、なじみのあるグループで考えるとわかりやすいですね。

**竹中▼**ねむきゅんは自らの推しであるまこちゃんと亜美ちゃんのハイブリッド感がありますし。

**ヒャダイン▼**もがちゃん（最上もが）は、ほたるちゃんド真ん中。ピンキー（藤咲彩音）はちびうさで、（相沢）梨紗の見守り感はセーラープルート。えいちゃん（成瀬瑛美）の明るさは、うさぎっぽいんですよね。

**竹中▼**ポジションとしては（古川）未鈴ちゃんがうさぎなんですけど、キャラはえいちゃんの方が近いのかも！　ちなみにモーニング娘。は、歴代メンバーの方が広げやすいんです。

**小出▼**ほうほう。一時期の安倍なつみがうさぎでも成立しますね。

**竹中▼**でも、後藤真希はうさぎじゃないんですよ。美奈子的な華やかさもあるけど、意外と難しくて。

**ヒャダイン▼**久住小春の一匹オオカミ感とも違うし。……この遊び、楽しい！

**竹中▼**でしょ（笑）。たとえば、男性に人気の作品に当てはめることって可能なんですか？

**小出▼**うーん、難しいな。『アベンジャーズ』は戦闘力の高いヒーローたちが集まったドリームチームだし。

**ヒャダイン▼**それこそ、ごまっとうみたいなものですよね。

**小出▼**ね（笑）。基本的には仮面ライダーも単体で動いてるし、あんな風に5人1組で戦うっていう作品は思いつかないかも。戦隊物も、中には前世みたいな設定もあったかもしれないけど男女混合チームが基本だから、女子アイドルっていうよりＡＡＡとか？

**ヒャダイン▼**あ、『ジョジョの奇妙な冒険』は例えやすいかもしれない。特に第3部。

**竹中▼**妄想キャスティング会議でも、セラムンオタ兼ジョジョオタの子が近いことを言ってました！

**小出**▼歴代のスタンド使いの中で、空条承太郎は一番強くてクールなレジェンド的センターなんですよ。そういう意味では、誰なんだろう。

**ヒャダイン**▼高橋愛ちゃんかなあ。リーダーで、エースで、センター。

**小出**▼たしかに。現役時代の彼女は、承太郎っぽいオラオラ感があったね。

## 男子が抱く同性へのあこがれ

**竹中**▼私はセーラームーンに抱いてた気持ちを、同様に女子アイドルへ向けているんですけど、男性は男子アイドルのことをどう見ているんでしょうか。

**ヒャダイン**▼カラオケで嵐の曲を歌うことはあっても、フリマネしたり、コンサートへ行ったりというのは少数派ですよね。

**小出**▼僕もジャニーズの曲は一通りチェックはするけど……という程度。

**竹中**▼私も、ＡＳＡＹＡＮ時代のモー娘。はカラオケでは歌うけど、コンサートは行かなかったんですよ。でも今はリリースイベントに握手会に、女の子がひとりで気軽に行けるものがすごく増えた。リリイベをやる男子アイドルも増えて来てるから、今後もっと距離感が近くなったら、男子アイドル現場に男性ファンは増えるのかなって。

**ヒャダイン**▼うーん、女の子が女子アイドルを好きでも微笑ましいなーって思うけど、男が男性アイドルに夢中な姿は、まだ見慣れない感じがあり

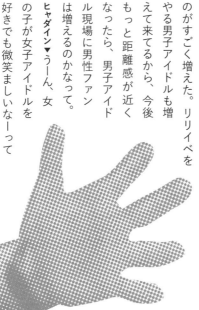

ますよね。

**小出**▼あと、そこに尊敬が無いと難しいのかな。たとえば長渕剛や矢沢永吉の握手会だったら行きたい人が多いかもしれないけど、イケメンアイドルの握手会は、いくら敷居が低かったとしても、かなり人を選ぶ気がします。

**竹中**▼じゃあ、女の子にとってセーラームーンと女子アイドルは＝で結ぶことができるけど、男性にとって仮面ライダーやゴレンジャーや孫悟空の先に男子アイドルをつなげるためには、圧倒的に尊敬の気持ちが必要になってくると。

**ヒャダイン**▼そういうことになりますね。

ちなみに、ＥＸＩＬＥはどうなんですかね？

**小出**▼ＥＸＩＬＥがかっこいい＝ヤンキーの文脈が入ってきちゃうから、一般的な男性が彼らに憧れるのかと考えると、

## 男が男性アイドルに夢中になるには尊敬がないと難しい

ちょっと違うのかな。

**ヒャダイン▼**男子アイドルに没頭する男性ファンの存在はなかなかメジャーにならないけど、Kis-My-Ft2の後列4人のユニット「舞祭組《ブサイク》」は初めてその前例になりそうな予感はします。

**小出▼**たしかに。Kis-My-Ft2は男子アイドルに興味の無かった僕に、ライブDVDを買わせた魅力がある（笑）。

**竹中▼**見せ方がうまいですよね。グループアイドルって5人以上になると顔を覚えてもらいにくいから、彼らのように3対4で分けるのは非常にクレバーですよ。

**ヒャダイン▼**明確なクラス分けって一見残酷なようだけど、アイドルには時に必要だと思うんですよ。

**小出▼**それでこそ輝く人もいるからね。

**ヒャダイン▼**ですし、グループ内のメリハリも出る。全員がかわいくて平均点高かったら、おもしろくないじゃないですか。セーラー戦士も全員がヌケてて完璧じゃないところも良かったんですよ。そこもアイドルと共通するんですけどね。うさぎはもちろん、美奈子も勉強ができないし、まこちゃんは恋愛が全然ダメだし、レイちゃんはツンデレで、亜美ちゃんは戦闘能力が低すぎたし。

**竹中▼**でも、『セーラームーンSuperS』や『セーラースターズ』では戦士たちが強くなりすぎちゃったじゃないですか。そうすると感情移入しにくくなってしまって。

**ヒャダイン▼**そういう意味ではモーニング娘。も加入卒業を繰り返して継続していくやり方はセーラームーン的だったけど、今はプリキュア色が強いですね。というのも、プリキュアシリーズって途中で一気にメンバーチェンジを敢行したんですよ。彼女たちも、モーニング娘。という看板が強くなりすぎたから、モーニング娘。'14という大胆なグループ名変更をして、メンバーチェンジをして、新陳代謝を図ったのかもしれませんね。結果、大成功だったわけですし。

**竹中▼**48グループは、さらにプリキュア的ですか？私が48グループを推しにくいのは、展開が早すぎて誰に感情移入すればいいのかわからない内に変化しちゃうところなんですよ。

**ヒャダイン▼**メンバーも多いし、代替可能なイメージを持たれやすいのかもしれませんね。

**小出▼**それで言うと、やはり前田敦子の君臨の仕方ってすごいんですよ。あれだけ人材がいるけど、真ん中にいるだけで何かが起こりそうな感じ、あれは彼女だけが持っていた。

**ヒャダイン▼**うんうん。大島優子のセンターは、もう少しファジーな感じでしたしね。さっしー（指原莉乃）はどうですか？

**小出▼**キン肉マンでいうところの、ジェロニモ。普通の人間が、超人に混ざって戦ってセンターを獲るっていうストーリーを背負っているんですよ。彼女がセンターだったからこそ、『恋するフォーチュンクッキー』という曲が生まれ、国民的ヒットになったんですよね。

**ヒャダイン▼**今年1位になったまゆゆ（渡辺麻友）は、それこそ超人アイドルって感じですね。

**竹中▼**完璧でかわいいけど、うさぎではないかも。ヴィーナスっぽくもあり、亜美ちゃんっぽさもありますね。

## 男子が感じる女の子らしさ

**竹中▼**亜美ちゃんって頭がダントツで良くてみんなの精神的支柱なのに、私は全然ダメだから、みたいなことを『無印』の最終回で言うじゃないですか。そこがすごくアイドルの子っぽいなって。アイドルってどんなに人気あっても、みんな一度は、私って必要なのかなって考えに陥るじゃないですか。

**ヒャダイン**▼セーラー戦士にも、「あなたは必要ないって思われてるのよ」って耳元で囁かれて、ダークサイドに落ちそうになるエピソードがありますね。

**竹中**▼そうそう。亜美ちゃんの「私なんて弱いから」という独白に、「そんなことないよ！」って視聴者が思う感じと、アイドルがライブのアンコールで気持ちを吐露するのを聞いて、「俺がもっと推してあげなきゃ」ってオタが思うところは似ているなあと。

**小出**▼ああ、でもその構図は女子アイドルならではかも。彼女たちが涙ながらに、一生懸命、自分の言葉で気持ちを吐露する姿を見たら支えてあげようと思うけど、男子がそれをやると情けなく見えちゃう。男子は、むしろそういう気持ちを抱えていたとしても堂々としている方が支持されるんじゃないかな。

**ヒャダイン**▼女子アイドルって基本的に、ステージ上で戦ってる感がすごいじゃないですか。歌って、ダンスして、汗かいて、声出して。本来のジェンダー的概念でいうと〝戦わない〟とされている女の子の、戦う姿を見てカタルシスを覚えてる中で、アンコールでブレイクして気持ちを吐露すると女の子らしさが一気に噴出する。それがたまらんのですよ。「弱いのに無理して戦ってたんだね、ごめんよ」って、さらにググッと気持ちが入

り込みますね。

## 戦闘という名のお出かけ

竹中▼女子にいきなりアイドルを好きになってもらうのは難しいけど、セーラームーン好きの遺伝子がある人だと、なぞらえて話しやすくて。そうやってセーラームーンにときめいてたあの頃の気持ちを、少しでも多くの女の子に思い出してもらえたらなっていうのがこの本の趣旨でもありまして。

小出▼僕はでんぱ組.incの武道館ライブを観て、あの子たちの憧れられ方は近いものがあるなって思いましたよ。メンバーのコスプレも異常に多

かったし。

**竹中▼**それも女の子特有ですよね。コスプレまではいかなくても、推しのカラーを身につけるとか、グッズを買うとか。コンサートに行くために、いろんな格好したいという感覚、自分以外の何かになりたいという変身願望を満たしてくれる。

**小出▼**そこはあまり共感できないんですよね。男子は結局、自分のまま強くなりたいから。改めて考えると、自分だけの自分になりたいっていうのは、男性的な思考なのかなあ。

**ヒャダイン▼**ドラゴンボールとの違いはそこなのかもしれないですね。セーラームーンって変身すればすごい力を発揮するけど、ドラゴンボールは、ひたすら修行して、自分を鍛えるんですよよ。

**小出▼**瀕死になればなるほど、強く、力が増していく。だから悟空は何度も死にかけて、その度に強くなっていって。そこに憧れを抱いていたわけです。

**竹中▼**大変な感じですね……。女の子は、戦うってことにかこつけて、変身出来るのがとにかく大好きなだけなので。

**小出▼**そして、戦闘という名のお出かけに行く（笑）。

**竹中▼**そう！ ようは、おしゃれしてお出かけしたいっていう一点につきます！「メイクアップ！」って言ってるし（笑）。

## 名曲の影にセーラームーンの遺伝子が

**竹中▼**セーラームーンから影響を受けていると感じることはありますか？

**ヒャダイン▼**アイドルソングを作る立場としてはすごく受けてますね。各人の個性を、ブーストさせたり、代わる代わる表出させたり。たとえて言うなら「シュープリーム・サンダー」の後に、連続で「ファイヤー・ソウル」が来て、雷と火が混ざったりするような。ああいう攻撃の感じは、曲のパート割りの時にけっこう考えます。

**小出▼**たしかにヒャダさんの作る曲って、そのカタルシスがありますね。

**ヒャダイン▼**各々の個性で攻めてく中で、いきなり別の誰かがスコーンと出て来るのがすごく好きで。私立恵比寿中学の『梅』では、出席番号を1からカウントしながら同じ拍数で順番に歌ってたのに、10で歌唱力のある柏木ひなたがドーンッと出て、Bメロを全部歌うんです。それって、セーラー戦士が全員で戦ってて、「今よ！　うさぎちゃん！」ってところで、うさぎが出てくるみたいなイメージ。

**小出▼**僕はももいろクローバーの『行くぜっ！怪盗少女』を聴いた時に、セーラームーン的だなって思いましたよ。メンバーの個性の出し方や曲展開が、戦闘シーンに近い感じが。

**ヒャダイン▼**セーラームーン的な展開っていうのはものすごく意識します。というか、他の人がそれをやらないことがすごく不思議だったんです。代わる代わる個性が出て来て、いきなりサビで攻撃する感じがかっこいいのになーって思って、実際にそれをやったらこの道でごはんを食べられるようになりました（笑）。

**竹中▼**すばらしい！　名曲の数々の影に、セーラームーン遺伝子ありってことですね。

（この鼎談は２０１４年7月4日に収録しました／構成：加藤蛍）

# プロフィール

## 竹中夏海

たけなか・なつみ

**生年月日**●1984年6月10日
**出身地**●埼玉県
**血液型**●AB型
**趣味**●大江戸線の駅巡り

公式ブログ「チロリアンぶろぐ」
http://ameblo.jp/takenakanaketa/
公式Twitter @723takenaka

## 出演歴

### TV

- NTV「ZIP!　チューモーク」レギュラー
- NTV「スッキリ!」
- NTV「所さんの目がテン!」
- FNS「笑っていいとも!」
- NTV「NexT」
- NHK「クールジャパン」
- NTV「芸能★BANG!」
- TBS「ランク王国」
- TBS「トークション」

### 雑誌

- 竹書房「トップエール」竹中夏海先生の踊る!アイドルソング時評　連載
- 白夜書房「月刊オーディション」舞姫手帖　連載

### 書籍

- 『IDOL DANCE!!!～歌って踊るカワイイ女の子がいる限り、世界は楽しい～』(ポット出版)

### ラジオ

- TBSラジオ「ライムスター宇多丸のウィークエンドシャッフル」ゲスト出演

### その他

- NTT docomo インフォマーシャル
- 朝日新聞　2011年11月21日号　文化面「踊る少女に夢中」取材
- 朝日新聞　2013年1月13日号　文化面

『少女、ふたたび』
『胸騒ぎの惑星』
『髪を切る8の理由。』
『「ありゃりゃ?」』
『ミライクロニクル』

## 寺嶋由芙

### ▶2014

『#ゆーふらいと』
『カンパニュラの憂鬱』
『猫になりたい!』

## 虹のコンキスタドール

### ▶2014

『女の子むてき宣言!』

### ▶2015

『やるっきゃない!2015』

## predia

### ▶2011

『Dia Love』
『DIAMOND HIGH HEELS』
『Dream Of Love』
『きみみたいに』
『ハニーB』
『HEY BOY』
『Eyes2Love』
『one more yesterday』
『Do The Party!!』

### ▶2012

『Little Bird』
『Re: start game』
『Melty Snow』
『image』
『sparkring』
『Sunburnd Heart』
『you slipped away』

### ▶2014

『壊れた愛の果てに』
『Tokyo Love Affair』

## セクシー☆オールシスターズ

美脚戦隊スレンダー『美脚戦隊スレンダー』
美脚戦隊スレンダー『パンティーストッキング〜!』
爆乳ヤンキー『夜露死苦おっぱい!』
爆乳ヤンキー『ブラを探して…』
胸の谷間にうもれ隊『スケベ!』
胸の谷間にうもれ隊『生殺し』
爆乳甲子園『爆乳甲子園』
爆乳甲子園『爆乳応援歌』
D-Rive『スピードクイーン』
D-Rive『Escape』
D-Rive『ギアスパーク』
D-Rive『Drive away』

## 6代目ミスマリンちゃん

### ▶2014

『飛び出せサマー』
『マリンブルーシークレット』
『アイツに夏』
『夏色サンセット』
『サマ☆パラ』
『夏のお嬢さん』

## ミスiD

### ▶2014

『カラフループ』
『イミテーションガール』

## 小桃音まい

### ▶2012

『Magic Kiss』

### ▶2013

『Charlotte』
『BANG BANG 鼓笛サンバ』

### ▶2014

『パレード・イリュージョン』

## その他

- HKT48『メロンジュース』(2013)
- Small Boys feat. 藤井隆『Selfish Girl』(2013)
- コピンクfeat.浅川梨奈『ティアラの条件』(2014)
- @JAM 2014 ALL STAR『夢の砂』(2014)
- 大森靖子『きゅるきゅる』(2014)
- B1『ナンセンスなミー』(2014)
- Like a Record round! round! round!(藤井隆・椿鬼奴・レイザーラモンRG)『Kappo!!!』(2014)

## MV

- 竹内電気『MONSTER』(2012)
- miwa『ミラクル』(2013)
- いきものがかり『123〜恋がはじまる〜』(2013)
- チームしゃちほこ『愛の地球祭』(2013)
- 住岡梨奈『flavor』(2014)
- いきものがかり『GOLDEN GIRL』(2014)

## CM

- 「ラミシール」(2014)

## TV

- NHK「第44回　思い出のメロディ」内　『What a feeling〜フラッシュダンス』(バックダンサー振付)(2012)
- CX「今夜はアリエナイト」(出演アーティスト振付)(2012)
- NTV「スッキリ!」商品開発部コーナー内　アナサー男子三人衆『俺たちの、理不尽』(2014)
- NTV「所さんの目がテン!」リトマース『恋の火曜日5時間目』(2014)
- CX「オモクリ監督」堂島孝平監督作『プレゼント』(2014)

## STAGE

- 汐留AX「アップアップガールズ(仮)黒船 LIVE」プロデュース、演出(2011、2012)
- 『YANO MUSIC FESTIVAL2013』振付(2013)
- ミュージカル「美少女戦士セーラームーン-Petite Étrangère-」内『Eye Candy』『愛のStarshine』振付(2014)
- 夢みるアドレセンス「女の子祭り」総合演出(2014)
- 『YANO MUSIC FESTIVAL2014』振付(2014)

# 竹中夏海振り付け作品一覧

**PASSPO☆**

▶**2009**
『Let It Go!!』
『無敵GIRL』
『夢パスポート』
『サクラ色』

▶**2010**
『夏空ダッシュ』
『ハレルヤ』
『Go On A Highway』
『LA LA LOVETRAIN～恋の片道切符～』
『GPP』
『Pretty Lie』
『BREAK OUT!!』

▶**2011**
『少女飛行』
『ウハエ!』
『じゃあね…』
『Rock Da Week』
『キス＝スキ』
『Hello』
『マテリアルGirl』
『Street Fighter』
『Turn Round!』
『Starting Over』
『See You Again』
『ハカナ』
『晴れるよ』

▶**2012**
『君は僕を好きになる』
『With XXXX』
『Next Flight』
『バスタブ』
『Pock☆Star』
『夏空HANABI』
『Dear My Friends』
『ピンクのパラシュート』
『WING』
『2DAYS』
『Love Diary』
『Tap My Toe』

▶**2013**
『キャンディー・ルーム』
『BABY JUMP～天国への搭乗便～』
『無題』
『Growing Up』
『Cosmic You』
『Shang Shang シャンデリア』
『BEAST IN YOU』
『くちゃLOVE』
『おねがい』

▶**2014**
『Perfect Sky』
『向日葵』
『はっちゃけセンセーション』
『TRACKS』

**アップアップガールズ（仮）**

▶**2012**
『Going my ↑』
『バレバレI LOVE YOU』
『アッパーカット!』
『夕立ち!スルー・ザ・レインボー』
『メチャキュン・サマー（´▽`)ノ』
『なめんな!アシガールズ』
『マーブルヒーロー』
『イチバンガールズ!』
『You're the best』
『チェリーとミルク』
『End Of The Season』
『カッコつけていいでしょ!』
『shooting Star』
『Burn the fire!!』
『ストレラ!～Straight Up!～』
『サイリウム』
『UPPER ROCK』
『チョッパー☆チョッパー』
『サバイバルガールズ』

▶**2013**
『Beautiful Days!』
『リスペクトーキョー』
『SAKURA DRIVE』
『Next Stage』
『あの坂の上まで、』
『銀河上々物語』
『ナチュラルボーン・アイドル』
『サマービーム!』
『アップアップタイフーン』
『SAMURAI GIRLS』
『ワイドルセブン』
『Bad Blood』
『Hereafter』
『Starry Night』
『青春ビルドアップ』
『虹色モザイク』
『ENJOY!! ENJO(Y)!!』
『サンタクロース』

▶**2014**
『アプオメッ!! ～お正月だょ　全員集合!～』
『(仮)は返すぜ☆be your soul』
『Party! Party!』
『ジャンパー!』
『全力Pump UP!!』
『このメロディを君と』
『Beautiful Dreamer』
『イタダキを目指せ!』
『キラキラミライ』

**夢みるアドレセンス**

▶**2013**
『キャンディちゃん』
『ひまわりハート』
『泣き虫スナイパ→』
『いつかお姫様が』(荻野可鈴)
『YOU&ME』(志田友美)
『17:30のアニメ』
『ハナモモ』
『純情マリオネット』

▶**2014**
『マワルセカイ』
『JUMP!』
『涙が出るくらい　伝えたい想い』
『どこにでもいる、至って普通』
『証明ティーンエイジャー』
『絶対的シンパシー』
『ヒロイン』
『勝ち猫のとおニャき』(京佳)
『ステルス部会25:00』

**南波志帆**

▶**2013**
『MUSIC』
『こどなの階段』
『水色ジェネレーション』
『乙女失格。』
『ばらばらバトル』